四川大学革命英烈丛书
四川省2020—2021年度重点图书出版规划项目

红日东升
征粮剿匪运动中的川大英烈

何志明　徐　鹏◎编著

四川大学出版社

项目策划：王　军　段悟吾　宋彦博
责任编辑：宋彦博　李畅炜
责任校对：荆　菁
封面设计：墨创文化
责任印制：王　炜

图书在版编目（CIP）数据

红日东升：征粮剿匪运动中的川大英烈 / 何志明，徐鹏编著． — 成都：四川大学出版社，2021.12
（四川大学革命英烈丛书）
ISBN 978-7-5690-4739-4

Ⅰ．①红… Ⅱ．①何… ②徐… Ⅲ．①剿匪－革命烈士－生平事迹－中国②四川大学－校友－生平事迹 Ⅳ．① E297.5 ② K820.7

中国版本图书馆 CIP 数据核字（2021）第 103246 号

书名　红日东升：征粮剿匪运动中的川大英烈

编　　著	何志明　徐　鹏
出　　版	四川大学出版社
地　　址	成都市一环路南一段24号（610065）
发　　行	四川大学出版社
书　　号	ISBN 978-7-5690-4739-4
印前制作	四川胜翔数码印务设计有限公司
印　　刷	四川盛图彩色印刷有限公司
成品尺寸	170mm×240mm
印　　张	14.75
字　　数	219千字
版　　次	2021年12月第1版
印　　次	2021年12月第1次印刷
定　　价	55.00元

版权所有 ◆ 侵权必究

◆ 读者邮购本书，请与本社发行科联系。
　电话：(028)85408408/(028)85401670/
　(028)86408023　邮政编码：610065
◆ 本社图书如有印装质量问题，请寄回出版社调换。
◆ 网址：http://press.scu.edu.cn

四川大学出版社
微信公众号

总 序

习近平总书记指出:"知史爱党,知史爱国。"为庆祝中国共产党成立100周年,在全党开展党史学习教育和在全社会开展党史、新中国史、改革开放史、社会主义发展史宣传教育之际,四川大学组织编写了"四川大学革命英烈丛书",并由四川大学出版社正式出版。这是四川大学认真讲好川大故事红色篇章、积极创新红色文化教育载体的重要举措之一,也是四川大学献礼中国共产党成立100周年的重要成果之一。

在中国共产党的领导下,在青春如火的锦江之滨、明远楼前,在风云激荡的望江楼畔、华西坝上,无数四川大学的革命师生坚持"与人民同甘苦,与祖国同命运,与时代同呼吸,与社会同进步",将永恒的红色基因融入了每一个川大学人的血脉和灵魂之中。其中,"红岩精神"的代表和"中华儿女革命的典型"江竹筠烈士等80多位校友为民族独立、国家解放和人民幸福献出了自己宝贵的生命,他们是四川大学历久弥新的川大精神的力行者和见证者,是四川大学生生不息的红色基因的创造者和传播者。

四川大学是四川保路运动和辛亥革命在四川的重要发生地,是新文化运动和五四运动在四川的主要策源地,是四川及至全国马克思主义早期传播的重要发源地,是抗日救亡和爱国民主运动在四川的坚强根据地。1920年冬,学校师生成立了四川最早以研究和宣传马克思主义为主要任务的革命群众组织——马克思读书会。1922年2月,学校师生主编的《人声》报是四川第一份公开宣传马克思主义的报纸。1922年春和1923年夏,学校师生组织成立的四川社会主义青年团和中国共产党成都独立小组是四川最早的共产主义党团组织。以学校师生为骨干的中华民族解放先锋队成都队和"成都民主青年协会"等是在中国共产党领导下四川抗日救亡和爱国民主运动的中坚力量。中共四川大学党总支是国民党统治区最大的基层党组织之一，经常活动的共产党员有120余名。在开国大典上，与毛泽东主席一起登上天安门城楼的有朱德、吴玉章、张澜和郭沫若等四位四川大学校友。

长期以来，四川大学坚持立德树人根本任务，服务人才培养首要任务，充分发挥学校特色优势，深入挖掘校园红色资源，大力弘扬以江姐精神为代表的革命先烈精神，用生动鲜活的红色文化滋养着一代又一代川大学子。近年来，特别是党的十八大以来，四川大学党委高度重视红色文化教育，将红色文化教育贯穿于学校发展各方面和人才培养全过程，重点建设了"江姐纪念馆暨四川大学革命英烈事迹陈列馆""学习书屋""江姐精神专题数据库"等一批红色文化宣传展示平台，率先推出了话剧《待放》、舞台剧《江姐在川大》、主题文艺晚会《江姐颂》等一批红色文化教育艺术作品，积极打造了"江姐班""竹筠论坛""川大英烈一堂课""青年红色筑梦之旅"等一批红色文化教育新品牌，产生了良好的教育成果、育人效果和社会效益。

习近平总书记指出，"中国革命历史是最好的营养剂"。站在历史的交汇点上，站在发展的交接点上，站在新时代的新起点上，在"四川大学革命英烈丛书"正式出版之际，全校师生员工要进一步厚植中华优秀传统文化，弘扬革命文化，发展社会主义先进文化，凸显四川大学人文社会科学的学科优势，积极打造"中国共产党在四川大学"等红色教育品牌，进一步深化红色文化教育的内涵，丰富红色文化教育的形式，增强红色文化教育的实效。

"四川大学革命英烈丛书"编写组
2021 年 6 月

目 录

上编 四川大学与征粮剿匪运动

　　川西区紧迫的征粮剿匪任务　　　　　　　　　　　　004

　　征粮剿匪运动中的川大人　　　　　　　　　　　　　038

　　川大与华大在征粮剿匪运动中的贡献与意义　　　　　053

下编 征粮剿匪运动中的川大英烈传略

　　杨家寿传略　　　　　　　　　　　　　　　　　　　068

　　曾廷钦传略　　　　　　　　　　　　　　　　　　　076

　　庹世裔传略　　　　　　　　　　　　　　　　　　　081

　　刘则先传略　　　　　　　　　　　　　　　　　　　085

　　王景标传略　　　　　　　　　　　　　　　　　　　091

　　王开疆传略　　　　　　　　　　　　　　　　　　　094

附录一　往昔峥嵘：解放前后四川大学的发展　　　　　　099
附录二　征粮剿匪档案史料选登　　　　　　　　　　　　149
参考资料　　　　　　　　　　　　　　　　　　　　　　222
后　记　　　　　　　　　　　　　　　　　　　　　　　229

上编　四川大学与征粮剿匪运动

1949年底，虽然西南地区的国民党政权迅速垮台，新兴的人民政权很快建立，但西南地区仍然存在各种各样复杂的社会问题，解决粮食供应便迫在眉睫。当时刚刚建立的人民政权掌握的粮食是有限的，但需求却日益增加，国民党残余势力利用这一点大肆扰乱市场，散布谣言，社会秩序极其混乱。与此同时，由于时间紧且征粮任务繁重，新生的人民政权在早期的征粮过程中一度出现急躁情绪，造成人民政权与传统地方势力关系紧张。为此，一些残余匪特便以征粮为借口，打着"反征粮、抗交粮"的旗号发起武装暴动，形势愈演愈烈，最后形成大面积的"匪乱"。在党中央的正确决策、邓小平与中共中央西南局（简称"西南局"）的正确领导下，包括川西行署区（简称"川西区"）在内的西南地区开展了轰轰烈烈的征粮剿匪运动。

面对紧迫的征粮剿匪任务，四川大学（简称"川大"）和华西大学（简称"华大"）[①] 全体师生革命热情高涨，积极响应党组织号召，自愿请命奔赴农村协助开展征粮剿匪工作。他们不畏生死、奔赴一线、勇担青年人的使命与责任，为征粮剿匪任务的完成做出不可磨灭的贡献。在这场革命运动中，一些学子甚至献出了宝贵的生命，他们是川大人应当永久铭记的历史英雄，也是全体中国人民的英雄。

[①] 前身为1910年成立的"华西协合大学"。成都解放后，华西协合大学于1951年更名为华西大学，后又易名为四川医学院（1953年）、华西医科大学（1985年）。为便于叙述，书中在不同时期一般均用"华大"指称该校。2000年，华西医科大学并入四川大学。

川西区紧迫的征粮剿匪任务

一、川西征粮剿匪的历史背景

(一) 西南地区的政治形势

1949年,随着解放战争不断推进,国民党政权逐渐瓦解。国民党在其军队主力被歼灭后,将大批特务和残余部队遣散为匪,潜留大陆,伺机东山再起。这些匪特竭力网罗反动分子,扩充武装,形成反革命武装,无时无刻不在寻找一切可能的机会向人民政府进攻,企图颠覆新生的人民政权,一度成为危害性很大的反动势力。对此,中共中央在人民解放军渡过长江不久就明确指出:"剿匪是肃清残余反动力量的一个重要组成部分,又是保障各种政治、经济、文化、国防建设的先决条件。"[①] 1949年8月6日,党中央在新华社社论中指出:"凡是解放区,起初必须相当长期地集中进行剿匪反霸斗争,摧毁国民党反动派统治势力,才能打开局面,站稳脚跟,这几乎已经成为斗争发展必经的过程。"[②] 西南地区人口众多,物质资源丰富,是建设西南的有利条件。但是这里地域辽阔,交通不便,国境线长,少数民族多,加之封建势力甚为强大,国民党在此盘踞时间较久,各方势力错综复杂。此时,作为最后解放的几个地区之一,西南各省的匪患十分严重,云、贵、川、康四省的土匪汹涌如潮,仅在半年间就有65万

---

① 《当代云南简史》编委会:《当代云南简史(上)》,当代中国出版社,2004年,第62页。
② 欧杜:《西南大剿匪》,国防大学出版社,1997年,第6页。

人之多，占当时全国105万武装土匪的一半多。① 随后，中共中央又针对大西南的情况作了特别指示："大西南解放后，各部队要用相当长的时间，集中主要精力，进行一段剿匪斗争。"因此，时任西南局第一书记邓小平称其为"解放大西南的第二个战役"。②

1. 国民党残余势力肆虐

1949年春，辽沈、淮海、平津三大战役结束以后，国民党预感在大陆的统治即将崩溃，在准备逃往台湾的同时，发布《战时施政方针》，加紧在长江以南各地布防，企图阻止人民解放军的进军，并对这些地区"失陷"后的游击战争做了全面的部署。③ 因此，在人民解放军解放西南之前，国民党已制定了一套"应变计划"：在政治上，大肆进行"反共宣传"，灌输"反共思想"以制造思想恐怖；在人事上，开办"反共游击训练班"，培养反共中坚力量，并提出"政务下乡，党务下乡"，派出特务下到农村联络封建势力，加强对农村的控制。据资料记载，为了培养游击骨干，国民党先后在成都办了5期、在贵阳办了2期"游击干部训练班"（简称"游干班"），共培训骨干4600人。参加培训的人员多系各地恶霸地主、"袍哥"头子、政客、特务、惯匪。他们在政治上强化"反共"意识，军事上以《最新游击战术》为教材，提高指挥能力，并强制群众空室清野，分散转移到偏僻地区打游击。在成都开办的"游干班"中，特务头子为了拉拢、控制学员，大搞"结拜"活动、喝血酒，宣誓"效忠党国，团结弟兄，共挽危局"，并将库存在中央军官学校的万余支枪及大批弹药发给参训的一些学员。④

除此之外，众多国民党残余部队在大势所趋和共产党的政策感召下纷

---

① 欧杜：《西南大剿匪》，国防大学出版社，1997年，第8页。
② 赵永忠：《当代中国西南民族发展史论》，云南大学出版社，2012年，第33页。
③ 中国人民解放军历史资料丛书编审委员会：《剿匪斗争·西南地区》，解放军出版社，2002年，第4页。
④ 中国人民解放军历史资料丛书编审委员会：《剿匪斗争·西南地区》，解放军出版社，2002年，第5页。

纷起义投诚，虽减少了流血和破坏，有利于生产和建设，但是，广大乡村仍被其统治，一些封建迷信组织（如哥老会和其他反动会道门等）和大量的民间枪支均为其掌握。西南解放过程中，国民党起义投诚的部众达90万之多，其主要将领大部分是西南封建势力的代表人物，他们还掌握着武装，有的还趁混乱之机，继续招兵买马，扩充实力，企图继续保持其统治势力。① 新中国成立初期，西南地区解放较晚，从其他解放区逃出的国民党残余势力大都汇集于此；兼之其地处边陲，地形复杂，民族众多，利于开展游击活动，被国民党确定为"反共复国根据地"。② 西南解放之初，这些国民党残余势力趁共产党立足未稳、广大乡村尚未占领、群众尚未发动的时机，疯狂地展开了大规模的土匪游击战争，妄图实现其建立西南游击根据地的计划。

2. 庞大封建势力根深蒂固

长期以来，西南地区位置偏僻，社会经济落后，地缘关系复杂，加之山多林密，交通不便，自古便是相对远离政治中心、自成系统的"化外之地"。西南地区封建势力的强大主要体现在两个方面：其一，民间帮会组织众多。西南地区社情复杂，封建迷信及帮会组织较多，特别是"袍哥"帮会组织遍及四川、西康、贵州城乡，并与国民党党、政、军系统有密切联系，其头面人物"舵把子""龙头大爷"多为当地豪绅或官僚、政客。封建迷信和帮会组织常被匪特操纵以发动暴乱。③ 其二，封建官僚组织体系依然存在。西南是一个多民族地区，藏族、彝族、苗族、侗族、布依族、傣族等约30个少数民族分布在广大山区。在一些少数民族聚居的地区，分成"部落""家支"，实行"土司""官家""头人"统治，他们掌握

---

① 宋毅军：《邓小平岁月》，现代出版社，2015年，第180页。
② 中国人民解放军历史资料丛书编审委员会：《剿匪斗争·西南地区》，解放军出版社，2002年，第4页。
③ 中国人民解放军历史资料丛书编审委员会：《剿匪斗争·西南地区》，解放军出版社，2002年，第4页。

武器，自设官府，部落之间经常发生械斗。①

庞大的封建势力不仅是土匪产生的社会基础，也是稳固新生人民政权的重要阻碍。因为长期受封建势力统治，这些封建势力的代表人物多为称霸一方的军阀、政客或恶霸地主，他们拥有武装，控制着农村的基层政权，在当地有相当的号召力。这些封建势力的头面人物为保持其封建统治，在国民党特务"拼命保命""破产保产"口号的煽动下，或以家族裙带关系，或以封建帮会迷信组织，或以原有的保甲编组，欺骗和威胁部分乡民。他们一哄而起，组成一股股割据一方的土匪武装，使剿匪斗争更趋复杂化。而且自近代以来，西南地区正是由于长期处于土著军阀统治之下，中央政府的统治力量难以进入，实际上处于一种半独立状态。因而，人民解放军在挺进西南时，还来不及清理这些封建势力，使得这一势力在西南，尤其是在广大农村地区依旧顽固，党的政策很难贯彻推进，这也是阻碍后期征粮工作实施的重要隐患。邓小平在西南局工作会议上就指出："整个西南的封建势力还原封原样地保持着，而且手里依然掌握武装，所以在西南真正的战争还在后面。"②

（二）紧迫的征粮任务

1. 西南地区的粮食形势

在整个南方的解放战争期间，粮食供应一直是首要问题。与北方"先乡村，后城市"的解放路线相反，南方是"先城市，后乡村"，这就导致农村的粮食往往难以及时征收到城市，这是当时南方面临的普遍性问题。造成这一时期西南地区粮食供应紧张主要有以下原因。

一方面，自身粮食产量不足。由于封建地主的残酷剥削，加之连年支

---

① 中国人民解放军历史资料丛书编审委员会：《剿匪斗争·西南地区》，解放军出版社，2002年，第4页。

② 中共中央文献研究室、中共重庆市委员会：《邓小平西南工作文集》，重庆出版社，2006年，第81页。

撑国民党进行的内战，当时西南地区的农业生产力很低，即使在号称"天府之国"的四川，1949年的粮食平均亩产也仅211斤。农村中的余粮主要集中在地主和富农手中，饥荒时常袭扰穷苦的农民。西南各省区库存的粮食对于军需民用来说，如同杯水车薪。人民政府在四川从原国民党政权接管的库存粮食，加上人民解放军从战场上缴获的粮食，共计1750万公斤，尚不足四川地区半个月的消费。而在云南，原国民党政权在昆明市的大西仓等几个主要粮库几乎没有存粮，云南田粮处的存粮加上昆明全市粮食商的存粮还不够昆明市1个月的消费。20多万人口的贵阳，仓库存粮仅够维持3天，西南其他省区的存粮也很少。① 不仅如此，西南区还要向上海等大城市支援粮食，这无疑使西南局面临极大的压力。为此，时任西南局第一书记的邓小平在给中共中央的报告中就此大倒苦水：

> 四川则因干部要从部队中抽出，而部队又继续作战，须一月中旬或下旬才能回到工作地区，故大部分县的干部尚未派出，即或派出的县，人数也很小，故屯粮工作尚未开始。重庆的部队、机关还在买粮食吃，而地主、富农正大批卖粮，土豪劣绅则大肆盗卖公粮，以致形成粮价过低的现象。我们正冒促部队迅速抽干部下乡，首先求得掌到粮食，能够完成预定数目，很难说有把握。中财委要我们送四亿斤粮食去上海，这是完全应该的，照西南的粮食状况也是可能的。问题还是主观能力太弱，我们当克服困难，完成此项任务，但接收、保管、运输的事，须由中财委或上海派一个大的机构来办理才行，我们绝无办法可想。②

可见，在进入西南伊始，人民政权尚未巩固之时，必须征收大批粮

---

① 中共重庆市委党史研究室等：《邓小平与大西南（1949—1952）》，中央文献出版社，2000年，第186页。
② 中央档案馆等：《中共中央文件选集（一九四九年十月——一九六六年五月）》（第2册），人民出版社，2013年，第27—28页。

食，在保证自给的同时，还要援助4亿斤粮食给上海，难度之大可想而知。

另一方面，人口迅速增加导致粮食需求量急剧上升。1949年底，经过一段时间的大规模作战，西南地区基本解放，各级人民政权相继建立。西南解放后，根据中央政府所发布的指示，"所有接收的国民党机构的全部人员，包括军队官兵、政府员工和工厂职工，全部收容起来，一个也不要遣散"①。在这一政策的影响下，西南地区需要政府供应粮食的人口就迅速增加。对于征粮，进入西南前，以邓小平为首的西南局曾估计整个西南地区的旧职员为20万，国民党军队60万，加上解放军和党政机关人员，共计150万。但进入西南后发现，原先估计的数字不够，实际上远远超过200万人："国民党军队不是六十万，而是九十万人，旧人员不是二十万，而是四十万人。连我们自己的人马在内，共二百万出头。因此公粮就差不多要五十亿斤，等于三千万担。"②这里包括进入西南地区的60万解放军部队、等待收编安置的9万国民党起义投诚部队与散兵俘虏，以及60万国家机关团体，文教卫生、公用事业和国营企业人员，都需要人民政府供应粮食，当时各方面的粮食需求是几十亿公斤。③因而，一时间西南地区需要政府供应的粮食数量急剧增多，吃饭问题就成了新政权必须要解决的首要问题。正如邓小平所回忆："我们要维持原有的工业基础，工人要吃饭，这等于二十万部队的开支，还要准备接受官僚机构中的二十万旧人员，等于六十万部队的开支，再加上国民党四十万军队。因此，除我们部队及工作同志之供应外，还要养活一百二十万人口。"④这种情形，邓小平在给中

---

① 中共中央文献研究室，中共重庆市委员会：《邓小平西南工作文集》，重庆出版社，2006年，第33页。

② 中共中央西南局秘书处：《邓政委在干部大会上关于整编节约与几个工作问题的报告》（1950年2月2日），内部编印，第8—9页。

③ 中共重庆市委党史研究室等：《邓小平与大西南（1949—1952）》，重庆出版社，2000年，第187页。

④ 中共中央文献研究室，中共重庆市委员会：《邓小平西南工作文集》，重庆出版社，2006年，第5页。

央的报告中称"改造六七十万国民党军队和二三十万旧人员,以及整理破碎的人民经济生活,这三件大事同时压在我们身上,要我们联系起来解决","大家忙得气都喘不过来"①。

要解决这一问题的首要因素就是粮食。邓小平在向中央政府报告西南地区工作情况时也高度重视粮食问题,提出粮食问题的解决关乎西南地区社会秩序的稳定与新生政权的巩固,这已经成为西南局当前工作的重中之重。自1949年12月到1950年底,在西南局的统一领导下,西南地区的征粮工作便迅速开展起来。在西南地区,有着"天府之国"之称的四川,自然成为整个西南征粮的关键。为此,当时在成都平原从事田野调查的施坚雅②认为,成都平原可能是中国最为富庶、农业人口最为密集的地区,同时,它也是解放军进军西藏时的粮食供应地。毫无疑问,四川是整个西南的关键。四川此时面临的征粮压力可以想见。征粮开始后,川南区党委第一书记李大章和行署主任郭影秋还因该区征粮不力受到邓小平的严厉批评。③ 在西南局的强力督促下,川西地区的征粮工作迅速开展了起来。

2. 川西地区征粮的重要性

四川解放后,摆在刚诞生的人民政权面前的工作十分繁重,如接管、征粮、清剿、恢复和发展社会生产等。1950年3月,中央人民政府政务院决定从四川(由川东、川南、川北三个行署区筹集供应)调出20万吨大米支援华东等地,并决定由川西区担负支援进入西藏地区的人民解放军的粮秣供应任务。④ 由此可见,这一时期四川不仅要保证国家机关团体、文教卫生、公用事业、工商企业职工以及城市居民等的粮食供给,还要完成党

---

① 邓小平:《关于西南工作情况的报告》(1950年1月2日),载中共中央文献研究室等:《邓小平西南工作文集》,重庆出版社,2006年,第46页。
② 施坚雅,美国知名人类学学者,1950年至1951年在中国四川做研究。
③ 郭影秋口述,王俊义整理:《往事漫忆:郭影秋回忆录》,中国人民大学出版社,2009年,第160页。
④ 中共重庆市委党史研究室等:《邓小平与大西南(1949—1952)》,中央文献出版社,2000年,第187页。

中央要求提供战略机动粮的任务，为人民解放军驻防四川、进军康藏提供后勤保证。在当时的国际国内形势下，四川地区征粮工作的重要性就凸显出来。

西南解放前夕，由于国民党政府的自我破坏和土匪趁火打劫，新政权接管之初几乎没有多少粮食可供使用。国民党各级旧政权垮台时往往会采取焚烧档案、破坏官署设施等手段来延缓新政权的顺利运转。在这种情况下，接管干部往往面对的都是乱摊子。据前往川北南充市的晋绥干部武竞回忆，他们抵达南充市时，市内一片狼藉，很多厅级单位不仅找不到办公地点，而且无法解决干部的住宿问题，只得以无人居住的破败房屋暂时容身。她回忆起接管初期的那段历史时称"我觉得四川很苦，比我们山西那个山里头还苦"：

> 我们住的地方（即川北民政厅——笔者）是蚕丝改良场。我们就住的那儿，床也没得（一）个，地上一直是拿个篾席（铺）起来放在那儿。大家什么都东西都没有，就把衣服脱下来铺一下。①

接管以后，川东、川南等区党委和行政公署，坚决贯彻执行西南局和邓小平的指示，把征粮工作当成头等大事来抓，陆续发出关于征粮工作的指示、布告、办法、条例等，进行工作部署。② 紧接着，川西区也遵照指示精神，将征粮作为全区的首要任务来抓。在当时，除了城市接管和改造起义投诚部队，川西区最重要的任务就是征粮工作。然而，在匪乱严重的地区，征粮遭遇严重的阻力。在邛崃县，路过该地的部队向县政府要粮食，该县粮食科科长柴景山（南下干部）无奈地告诉他们：

> 粮食城里确实没有，我们连城都出不去，要吃你们自己出城去找，我们出证明，叫他们以后来县府结算。别忘记，有吃不完的也分

---

① 参见何志明2018年9月15日对武竞的访谈记录。
② 中共重庆市委党史研究室等：《邓小平与大西南（1949—1952）》，中央文献出版社，2000年，第191页。

给我们一些。①

县级政权粮食紧缺，直接影响到行署一级的粮食供给。川西北临时军政委员会进入成都后，随即发现粮食问题"严重而又急迫"：据估计，成都周边及市内须解决吃饭问题的人数达到50万以上。② 为此，成都社会各界对于党如何解决粮食问题出现了诸多传言："共产党打仗有一套，管城市经济不行，这个烂摊子收拾不好，要不了3个月就站不住脚"。③ 不仅如此，在解放军进城半个月后，成都物价飞涨，尽管新政权颁发布告保证人民币的信用④，但人民币依然被排斥。一名南下干部对此回忆道：

> 大概解放前半个月都没有（问题），货币都很平稳。嘿！奇（怪）的（是），半个月以后，所有的人民币他都不收，他只收银元。⑤

人民币被排斥的结果就是银元的价值被炒得很高，导致成都物价猛涨。据栗茂章回忆，当时市场十分混乱，"物价一天几变"，为了给大家过新年改善一下生活，事务长卖了一匹马，结果卖马的钱"到第二天连十斤肉都没买成"。⑥ 此次危机考验新政权驾驭局势的社会治理能力。要稳定物价，除了宣布禁止银元流通，还需要立刻开展征粮，保证城市粮食供给。从日前披露的官方文件来看，仅从1949年12月1日至1950年1月18日，

---

① 许进：《我的怀念》，载吕梁市政协学习宣传与文史资料委员会：《吕梁干部南下（西北团）》（二），内部编印，2016年，第275页。
② 《川西北临时军政委员会关于进入成都几个主要问题处置的报告》（1950年1月9日），载中共成都市委党史研究室等：《接管成都》，成都出版社，1991年，第38页。
③ 刘秉荣：《建国后的贺龙》，当代中国出版社，2007年，第48页。
④ 接管成都前夕，新政权还用"第一野战军政治部"的名义发布告示：请大家放心大胆使用人民币。载《请放心用人民币——第一野战军政治部发表文告》，《民主日报》，1949年12月30日，第1版。
⑤ 参见肖馥莲等2018年7月2日对刘德星的访谈记录。
⑥ 栗茂章：《南下成都》，载中国人民解放军西北南下工作团在蓉文艺老战士联谊会：《惊世巨变——回首六十年》，内部编印，2009年，第147页。

以川西北临时军政委员会名义发出的关于征粮工作的指示就有四件之多。①
1950年1月12日，以贺龙为主任，王维舟、李井泉为副主任的川西北临时军政委员会发出的《关于征粮工作的指示》强调了征粮任务的紧迫性：

> 成都解放，川局初定，摆在我们面前的任务很多，但最中心而又最重要的就是粮食的供给，迅速的征到粮食就是我们当前最严重的政治任务……因为除我数十万解放大军之外，还有约计数十万的起义和投诚部队以及旧公教人员、散兵俘虏等，这些人的改编与安置处理需要一个教育与改造的时间，搞得好胜利就巩固了。而这个时期的粮食供给，即大家有饭吃是中心关键的，所以应十分重视，把它作为首要的中心任务大力去完成。②

新生的人民政权手中掌握的粮食极为有限，而军民对粮食的需求却迅速增加，国民党残余势力则利用粮食短缺、粮价波动向人民政权发难，人民政权手中是否有粮食已经不仅仅是一般的经济问题，而是中国共产党和新生的人民政权能否在西南站得住脚的政治经济斗争。③除此之外，西南地区作为全国最后解放的地区，这一时期的社会矛盾错综复杂。抗日战争期间，国民党把重庆建为陪都，在西南地区建立了深厚的势力。"残酷的剥削，反动的统治，造成了大批失业人员、无业游民、破产农民及抽鸦片者，经济又遭受到相当的破坏。"④因而，西南解放之初，在完成对城市的接管后，更加重要和繁杂的任务是推动经济的恢复和发展，而解决粮食问题是以上一系列工作开展的前提和基础，新中国成立初期川西的征粮工作

---

① 中共山西省委党史办公室：《1949：山西干部南下实录（下）》，山西人民出版社，2012年，第887页。
② 中共山西省委党史办公室：《1949：山西干部南下实录（下）》，山西人民出版社，2012年，第887页。
③ 中共重庆市委党史研究室：《邓小平与大西南（1949—1952）》，重庆出版社，2000年，第185页。
④ 中共中央文献研究室，中共重庆市委员会：《邓小平西南工作文集》，重庆出版社，2006年，第4页。

就是在这一复杂的历史背景下展开的。

总体来说,这一时期川西征粮工作的重要性主要体现在以下三个方面:军事上,征粮工作是人民解放军顺利进军西藏、实现全国解放的战略保障;政治上,征粮工作是巩固新生人民政权、安稳民心的关键所在;经济上,征粮工作是开展各项工作、恢复经济的重要环节。

3. 1949—1950 年川西地区征粮的特殊性

川西地区除了身处富饶的成都平原外,还有另一个特殊因素,那就是在地理位置上紧邻少数民族聚居区,社会因素复杂。共产党手中是否有粮食,对于能否做好少数民族工作关系极大。1950 年 7 月 21 日,邓小平在题为《关于西南少数民族问题》的报告中指出,少数民族地区的经济工作首先就是粮食工作,"比如西康,这方面也出了一系列的问题。首先是粮食问题,现在我们只进去三四千人,一下就借了七十万斤粮。一些进步的上层人士帮忙很大,不但把粮食供给我们,而且价钱公道。但是老是这样不行,少数民族群众负担不起"。[①] 邓小平还提道:"毛主席对西藏问题就确定了两条,第一是实行民族区域自治,第二是进军西藏'不吃地方'。这两条搞好了,才能解决西藏问题,才能团结起来巩固国防。这两条对所有少数民族地区都是适用的。政治要以经济做基础,基础不坚固还行吗?如果我们只给人家一个民族区域自治的空头支票,而把人家的粮食吃光,这是不行的。"[②] 从邓小平的讲话中可以看出,要想完成好上述这些任务,手中没有足够的粮食显然是不行的。

(三)严重的匪乱

在征粮过程中,新政权并未掌握精确的土地数字,使得"征粮数额与

[①] 中共中央文献研究室:《建国以来重要文献选编(第 1 册)》,中央文献出版社,2011 年,第 318 页。

[②] 中共中央文献研究室:《建国以来重要文献选编(第 1 册)》,中央文献出版社,2011 年,第 318—319 页。

征粮单位折合率经常更改",导致农民认为政府法令朝令夕改,无所凭借,"产生观望推托的思想",进而"普遍发生逃粮、抗粮、装穷的现象"。农民这种观望拖延乃至抗拒的心态和行为,直接导致征粮工作队工作力度的加剧,兼之一些基层干部由部队转业而来,片面强调执行与服从①,因而招致了一些不必要的阻力,由此导致征粮工作前期进展十分缓慢。截至1950年5月中旬,整个西南区公粮"只征起百分之四十几"。②而个别地区情况更糟,例如川西眉山专区,及至1950年中旬仅完成30%的征收任务。③在这种情况下,一些工作队在征粮过程中不免产生急躁情绪,强迫命令的现象随之产生。

农村因征粮出现的诸多乱象,一度引起了一些民主党派人士的批评。这种紧迫的征粮方式必然会导致矛盾迅速激化。这种矛盾很快被匪特势力所利用。

自1950年2月起,包括四川在内的整个西南地区征粮发生了严重的"匪乱"。④据西南局报告,四川特别是川西地区"土匪蜂起",他们的口号为"抗粮分粮",造成"有些地区事实上已不能征粮"。⑤在温江县,反抗征粮者提出的口号是"赶走解放军,三年不出粮"⑥,一些旧乡长公然反抗征粮,胁迫全乡民众参与,要求每家必须出一个人,"无枪的扛锄头,参

---

① 这一特征在川南区表现得尤其明显,该区的基层干部大都来自军队,这些人缺乏地方工作经验,"习惯于军队命令式的工作方法"。载卢耸岗:《远去的背影:李大章纪念文集》,四川人民出版社,2008年,第128页。
② 《邓小平同志关于三、四月份工作向毛主席并中央的综合报告》(1950年5月14日),载中共中央西南局农村工作部:《西南区土地改革运动资料汇编(上册)》,内部编印,1954年,第367页。
③ 中共眉山市委党史研究室:《建国初期眉山地方党史资料(1949.12—1953.3)》,内部编印,2001年,第10页。
④ 王海光:《贵州接管初期征收一九四九年公粮问题初探》,《中共党史研究》,2009年,第3期。
⑤ 《西南局关于征粮工作的指示》(1950年2月13日),《党内资料》,第33期,1950年3月9日,第61页。
⑥ 《温江县委关于深入反霸清匪中几个意见》,成都市档案馆藏,档案号:177—6。

加去打温江（县城）"，若谁家不参与，则将被作为共产党处死。① 在他们的鼓动下，该乡共有三千余人参加了攻打县城的行动，并抢劫了 60 多万斤公粮，杀死干部 55 人。②

这些动乱在当年 3 月底达到最高峰，一些原本起义的部队也卷入其中，人数共计 27.7 万余人。③ 成都附近的川南简阳县更是因征粮导致五六千人的武装动乱，他们以"反共救国""拥护蒋总统反对共产党""杀死工作队带口（原文如此）火有饭吃"，百余名征粮工作干部与农民积极分子遭到杀害。④ 据贺龙和邓小平报告，在动乱地区，县、区、乡各级政权"几乎全都被捣毁"，征粮、建政、春耕等各项地方工作"一度全都处于瘫痪状态"。⑤ 包括川西区在内的西南地区的征粮一度陷入困境。

因此，要征粮，首先就要剿匪。

二、川西剿匪政策与基本措施

国民党在城市中的政权虽然垮台了，但在广大的农村仍然留下了不少潜伏势力，其中包括特务情报人员、散兵游勇、土匪、袍哥会等秘密会党，特别是后者，这些人在农村占有土地多，成为新政权征收公粮的主要对象。自身利益受损，他们自然会强烈反抗。因此，新政权在农村征收公

---

① 贾启允：《关于温江剿匪工作情况报告》（1950 年 2 月 17 日），四川省档案馆藏，档案号：建西 1-148。一名南下干部回忆，当时，大邑县暴徒胁迫农民参与动乱，若后者拒绝，则以"把你房子烧了，把你娃娃都杀了，把你牛羊都赶到跑了"相威胁，相反则发放一百银洋、一套衣服和一袋大米。参见曹怡然等 2018 年 7 月 5 日对张治国的访谈记录。
② 《中国共产党川西区温江县委员会关于镇压反革命工作给毛主席的报告》（时间不详），四川省档案馆藏，档案号：建西 1-2。
③ 《邓小平同志关于三、四月份工作向毛主席并中央的综合报告》（1950 年 5 月 14 日），中共中央西南局农村工作部：《西南区土地改革运动资料汇编（上册）》，内部编印，1954 年，第 367 页。
④ 《西南局关于简阳匪特暴动的经验教训给各地的通报》（1950 年 5 月 18 日），载川北区党委第一次的党代会秘书处：《中央、西南局重要文件汇集》，内部编印，1950 年，第 31 页。
⑤ 《贺龙、邓小平关于西南各地连续发生大规模土匪武装暴乱报告》（1950 年 3 月 17 日），载吕梁市政协学习宣传与文史资料委员会：《吕梁干部南下：西北团（一）》，内部编印，2016 年，第 252 页、第 253 页。

粮的同时，还需要进行激烈的剿匪斗争。因此，征粮与剿匪是当时农村工作的两个方面，缺一不可。

(一) 剿匪政策的出台

解放战争后期，各解放区暴乱频发，严重威胁到社会秩序的稳定和人民群众的生命财产安全，中共中央和中央人民政府对各地区的匪情极为重视。1949年8月8日，陈云在一次财经会议上指出："剿匪和发动农民，对完成财政经济任务作用很大，党、政、军都要抓好这两件事。"① 随着南方的逐步解放，剿灭农村中的土匪问题很快被提上议事日程。

1950年3月16日，中央军委发出指示，强调剿灭土匪是当前全国革命斗争的一个重要方面，是建立和巩固各级地方人民政权，以及开展其他一切工作的必要前提，是迅速恢复革命新秩序的保证。② 随后，大规模的剿匪斗争即在全国范围内展开。为了保证剿匪作战的顺利进行，1950年3月18日，中共中央发布《关于镇压反革命活动的指示》，对于土匪的处理办法做出了规定："在剿匪地区，对于土匪过去的犯罪行为，只要他们投降，改邪归正，一般是可以既往不咎的。但对于继续抵抗我军的土匪首领，有政治背景的土匪分子，窝藏与勾结土匪的豪绅地主，继续抵抗、不愿改邪归正的惯匪，应加以严厉处罚，处以长期徒刑或死刑。对于参加土匪部队的一般群众，则令其改过生产。"③ 这一指示成为南方剿匪工作的重要指导意见。

随着华东、华北、中南等地区剿匪工作的陆续展开并取得显著成效，以毛泽东同志为首的党中央及时总结剿匪经验，提出"军事进剿、政治瓦

---

① 陈云：《克服财政经济的严重困难》(1949年8月8日)，《陈云文选（第2卷）》，人民出版社，1984年，第10页。
② 《剿灭土匪，建立革命新秩序》，载中共中央党史研究室：《中国共产党历史·第二卷·上册（1949—1978）》，中共党史出版社，2011年，第45页。
③ 中共中央文献研究室：《建国以来重要文献选编（第1册）》，中央文献出版社，1992年，第164页。

解、发动群众武装自卫"三者相结合的方针，并制定了以镇压与宽大相结合为指导的"首恶必办、胁从不问、立功受奖"等一系列剿匪政策。① 这一政策的具体内容为：在匪情严重的地区，要以军事打击为主，政治争取为辅，军事政治双管齐下；在一般情况下，则以政治争取为主，军事打击为辅。在实行军事打击或政治争取的同时，均应与充分发动群众、建立政权、加强地方武装、进行民主改革等多项工作结合进行，以求从根本上消除匪特生存活动的条件。对匪特实行的政策是镇压与宽大相结合，即首恶者必办，胁从者不问，立功者受奖。通过上述方针政策的贯彻执行，达到争取多数、打击少数、利用矛盾、各个击破、彻底消除之目的。

在西南地区，人民政权刚刚建立不久，各级党政领导机构尚未健全，军队和地方人民政府在协调配合剿匪工作的展开方面尚需磨合。基于这一情况，为了更好地贯彻中央"军事进剿、政治瓦解、发动群众武装自卫"的方针，邓小平明确指出要建立一个包含党、军、政、民各方力量在内的领导机构负责剿匪工作。1950年2月底，邓小平与刘伯承、贺龙主持召开了西南局的剿匪征粮工作会议，制定了剿匪的五项措施：一是组织一元化的剿匪斗争，即确定各二级军区、军分区至县、区、乡、保各组织剿匪委员会，为一元化剿匪领导的组织形式；二是集中兵力重点进剿，即在剿匪步骤上，先集中兵力肃清富庶区及主要交通线两侧地区危害最大之匪患，对某些边远地区及贫瘠地区则不惜暂时撤出；三是要求组织军事进剿、发动政治攻势、发动群众三者密切协同进行，三者是不可分割的，但又须以军事之歼灭打击为基础；四是开展捕捉匪首工作，西南地区的主要匪首，多为国民党留置的特务或反动恶霸地主、惯匪，捕捉这些匪首，对肃清匪患，开展反霸、减租、退押运动关系极大；五是争取少数民族参加剿匪。② 紧接着，西南局、西南军区正式颁布了《关于组织一元化剿匪斗争的指

---

① 马明珍：《往事难笑谈——八十叙旧》，团结出版社，2015年，第97页。
② 中共四川省委党史研究室：《邓小平与四川》，四川人民出版社，2011年，第103页。

示》，明确表示："我们必须以一元化的剿匪斗争，来组织经济、文化、军事诸方面的一切力量，结合人民生产，全力进行剿匪。"[1] 该指示对剿匪委员会的组织架构做了规定，要求委员会设正、副主任各一人，委员会下设战术指导组、政攻研究组等。

在公布了人民解放军的剿匪政策后，西南局还以群众通俗易懂的语言，制定了《人民剿匪公约》，共有十条："第一，要团结起来，剿匪自卫，保卫生命财产；第二，要向人民政府、人民解放军报告匪情，给人民解放军带路送信，协力进剿股匪；第三，要报告土匪所隐藏的枪支和赃物；第四，要保护仓库、工厂、铁路、公路、桥梁、电杆、电线及其他一切人民祖国的财产；第五，要保护一切革命工作人员及人民解放军的伤病员；第六，不听信土匪造谣；第七，不附和土匪危害人民；第八，不窝藏土匪，不包庇土匪；第九，不窝藏匪枪匪赃；第十，不给土匪通风报信。"[2] 在以邓小平为首的西南局的有力领导下，在西南各级地方政府和群众的大力支持下，一场大规模的剿匪运动在西南各地轰轰烈烈地展开。

（二）剿匪政策的实施

成都解放后，征粮工作迅速提上了日程。与此同时，国民党潜伏人员、叛变的国民党起义部队、国民党败亡的散兵游勇以及地方土匪人员活动日益猖獗。特别是在1950年1月下旬，川西地区的匪特活动更加频繁，他们不仅在多个乡镇实行扰乱，更有甚者杀害新政权下派的征粮干部，袭击过路部队。在成都平原，反抗征粮的斗争此起彼伏，很多征粮干部牺牲在工作岗位上，特别是在新都县的石板滩，时任解放军第一七八师政治部主任朱向离等一行近二十人惨遭匪徒杀害。一时之间，反抗征粮的暴乱导致征粮工作一度陷入停滞状态。据统计，征粮期间川西平原下乡征粮以及

---

[1] 《关于组织一元化剿匪斗争的指示》（1950年3月15日），载中国人民解放军历史资料丛书编审委员会：《剿匪斗争·西南地区》，解放军出版社，2002年，第108页。

[2] 中共四川省委党史研究室：《邓小平与四川》，四川人民出版社，2011年，第101页。

派至起义部队的工作队干部被杀者达1100余人。①

为迅速消灭匪患，时任西南军区副司令员的贺龙主持召开川西军区团级以上干部会议，对剿匪作战提出了要求：认真贯彻"军事进剿、政治瓦解、发动群众武装自卫"三者相结合的方针，执行"先腹心区，后边沿区；先交通要道，后两侧乡村；先股匪，后散匪"的步骤，组织部队进行大规模的剿匪作战。②根据这一指示，1950年川西的剿匪工作有步骤地展开，大体可以分为以下三个阶段。

1. 重点进剿期（1950年2月至4月）

成都解放后，进驻成都的部队不仅要接管城市、稳固政权、恢复经济，同时还要承担支援其他部队进军西藏的任务。因而部队进驻成都以后，先抽调大批干部改造起义投降的国民党部队，另派遣主力部队继续追击逃窜至山区的国民党残余力量。除此之外，为了稳固政权并为解放西藏提供战略保障，在西南局的指示下，川西地区的征粮工作也陆续展开。由于人民政权初创，根基未稳，城乡各级党政机构尚未健全且干部人手不够，部分军队人员被派至地方，建立了温江、眉山、绵阳、茂县四个专区，发动群众，征收公粮。在解放军部队分散且任务紧迫的情况下，一些早有预谋、有组织的匪特就趁机而起，他们以土匪、特务、"游干班"分子为骨干，与当地职业惯匪、国民党败亡部队以及袍哥、地主等封建势力勾结，开展所谓的"游击战争"。1950年1月下旬，川西各地匪特日趋猖狂，往来成都、灌县，成都、雅安间的军商汽车多次被劫，以后其又在若干乡镇实行扰乱，杀害征粮干部，袭击过路部队。自1950年2月11日起，邛崃、大邑、名山、彭山、温江、崇庆、郫县、新繁、崇宁、新津等10个

---

① 然而解放军第十八兵团三个军入川直至占领成都，伤亡尚且不及500人。《叛匪制造龙潭寺惨案 公安摧毁暴乱组织》，《成都商报》，2009年9月5日，http://sichuan.scol.com.cn/cddt/20090905/20099572332.htm。

② 中国人民解放军历史资料丛书编审委员会：《剿匪斗争·西南地区》，解放军出版社，2002年，第674页。

县城被围攻。叛匪攻进崇宁县城期间，县长段振声同志和县委书记的妻子等43人被杀害；叛匪占领大邑县城后，匪首余如海（国民党某军的旅长）、郭保芝（惯匪匪首）自封为"县长"和"城防司令"。匪特暴乱蔓延到温江分区全境、眉山分区大部地区16个县，杀害党政军干部及战士400余人，裹挟起义部队3000余人叛变，破坏汽车10余辆、骡马100余头，许多桥梁、电线遭受破坏。城市中暗藏的反革命分子则利用城乡交通不畅，搞物价波动，城乡社会秩序极不安定。①

当时，解放军部队因任务原因高度分散，而起义部队大都聚集一处且情绪不稳定，在此情况下，川西军区当机立断，立刻抽调兵力，首先平息了龙潭寺、石板滩地区的暴乱，并以一部增援被围城镇（主要是邛崃、温江、崇宁、郫县等十余城镇）。据川西军区报告，从1950年2月25日开始，军区组织了八个团的兵力，进行重点围剿；2月26日，在吴家场、花园场地区歼灭陈利石匪部；4月中旬，又扑灭了龙潭寺地区的二次暴乱。此外，对邛崃、大邑、总岗山区、灌县东北、安（县）彰（明）江（油）间，新（津）双（流）仁（寿）彭（县）间，及双流以西之柑子树、彭家场等地区，发动了数次进剿。在该阶段剿匪中，共剿灭大小股匪60余股，人数4万余名。②此次重点围剿，严厉打击了当地匪徒和封建势力。此外，部队在下乡剿匪征粮时大力宣传，帮助民众更加清楚地了解党的政策，扭转了以前的错误认识。广大群众的疑虑得到消除。反观匪特内部，其在被大力围剿之后逐渐分崩离析。

2. 分区驻剿期（1950年4月至8月）

在上一阶段的重点围剿之后，匪徒气焰萎靡，他们中除了被解放军击毙或俘获的，一部分选择主动投降，残余武装部分顽固不化，逃窜至边远

---

① 中共山西省委党史办公室：《1949：山西干部南下实录（下）》，山西人民出版社，2012年，第889页。

② 中国人民解放军历史资料丛书编审委员会：《剿匪斗争·西南地区》，解放军出版社，2002年，第363页。

山区，不断进行反革命活动。这些残余匪特活动于县与县、乡与乡之间的三角地带，或分散隐匿于群众中，昼伏夜出，飘忽不定。他们暗中抢劫，破坏春耕，威胁或暗杀农民代表或治安委员；且不时散而复聚，组织力量，袭击区、乡政府，杀害工作人员（如邛崃西北彭天禄、白光明，灌北虹口之夏斗枢、高璧成）。他们还趁美国发动侵朝战争之际，大肆活动，散布谣言，威胁群众，进而利用宽大政策，假自新，假投降，伪装进步；打入农协或组织假农会，潜藏于农民武装中，进行破坏组织和发展封建迷信会门，裹挟落后群众，暗中组织力量，企图趁机再起。①

根据上述情况，党采取了分区驻剿的办法，具体如下：以平川为重点，进一步发动、组织与展开面的清剿。对三角地带，则组织联防指挥部会剿。同时组织精干武装成立专门捕捉队、讨伐队，追捕逃窜于山区、边缘区之匪首。② 围剿之后，党还举办了多个训练班对落网匪首和匪众进行教育。通过分区围剿这一办法，平川地区和边远山区基本得到净化，同时还组建了持有一定武器装备的群众自卫武装，保障了社会稳定。及至8月，基本实现了预期的剿匪目标。

3. 基本净化期（1950年8月至12月）

1950年8月以后，经过前两个阶段的重点围剿和分区驻剿，川西地区的匪患情况已经得到明显改善，大股匪特已经基本被消灭，仅剩部分残余股匪流窜在外。为保证征粮工作的顺利完成，同时净化全区，人民政权随即着手展开对剩余残匪的清剿工作。

这一阶段的剿匪工作主要包括两个方面：一方面，加强防卫建设。在领导进行剿匪的过程中，虽然逐步帮助一些地区建立了乡保治安委员会等地方武装，但由于其成员并未经过正规训练，战斗能力普遍不高。因而在

---

① 中国人民解放军历史资料丛书编审委员会：《剿匪斗争·西南地区》，解放军出版社，2002年，第364页。

② 中国人民解放军历史资料丛书编审委员会：《剿匪斗争·西南地区》，解放军出版社，2002年，第364页。

匪情得到基本控制后，军队便与农协配合，有步骤、有重点地建立并整顿农民武装，对其进行系统训练，提高地方武装的自卫能力；另一方面，追击残余匪特。对于逃窜于边远深山地区的股匪，川西军区派遣一批主力部队与其他友邻部队相配合，组织了三次较大的会剿、围剿，即8月初对盘踞于汶（川）、灌（县）、彭（县）、崇（宁）交界地区之夏斗枢、高璧成匪部；8月下旬对川康边羊儿岗、天台山等地区之郭保芝、吴逸俊、王培绪、黄明远、李本立匪部；9月中旬对川康边、懋功、抚边、绥靖、崇化等少数民族区之"川康反共联盟军"刘野樵，"川康青甘反共突击军"周迅予、何本初、傅秉勋及土著罗厚义、马鹏超等匪部发起会剿、追剿。我军指战员顽强作战，不畏艰苦，追击七八百里，翻越雪山草地，终于完成了任务，分别于9月、10月中旬，解放了懋功、抚边、水坡等要镇，以及靖化、崇化等边远地区。①

在这一阶段，全区发动和组织了80%的群众，建立了180万以上会员的农民协会及数逾五万人的农民剿匪自卫队，训练了群众武装骨干，教育和审查了大部分自卫队干部及一部分队员，给清匪、反霸、减租、退押四大运动扫清了道路，并奠定了土地改革的坚固基础。同时捕捉了"川康挺进军"第十六总队长李文豹以下大小匪首300余人（被我方组织的专门捕捉队、讨伐队在群众武装协助下捕获）；进剿中活捉"中国青年反共救国军"总司令夏斗枢，"川康反共救国军"第一路及第五路司令李本立、王培绪，"川康反共救国军"军长黄予朝，及伪一三四师师长李福熙以下3000余人，击毙"川康边游击挺进军"第一、第三纵队司令郭保芝、乔子均、袁树仁等以下百余人；另有投诚自新的"川康反共救国军"第二、第三、第四路司令戴圣、黄明远、吴逸俊以下13000余人。以上行动共歼匪26300余人，使川西全区达到基本净化，彻底粉碎了蒋、阎匪帮所谓"总

---

① 中国人民解放军历史资料丛书编审委员会：《剿匪斗争·西南地区》，解放军出版社，2002年，第365页。

体战"及所谓"开展敌后游击战争"和用一切办法破坏人民生命财产的阴谋。[1]

在这一年的剿匪过程中，广大解放军指战员在川西军区和川西区党委的统一部署和安排下，发扬"且将剩勇追穷寇"的精神，依靠广大人民群众，采取多种剿匪措施，使新中国成立初期川西地区的匪患问题得到彻底解决，巩固了新生人民政权。

（三）川西剿匪成效及经验

截至1950年12月底，在遵循西南局剿匪政策的指示和川西区党委的正确领导下，在党、政、军、民等各方面力量的积极配合下，川西地区1950年的剿匪工作取得了巨大成效。据统计，先后消灭大小股匪百余股，毙、捕、降著名匪首三百余名，匪众八万余名。[2] 在川西区党委和解放军、全体民众的努力之下，川西地区的匪情得到有效控制，人民政权在全区普遍建立，革命秩序逐步稳固，也标志着川西地区成功打赢了新政权的固本之战。不仅如此，剿匪工作的顺利进行为后续经济秩序的恢复与发展、减租退押运动的推进打下了坚实基础。回顾1950年川西剿匪斗争的全过程，主要有以下几点经验。

1. 实行地方党委一元化领导

实行地方党委一元化领导，是剿匪斗争取得胜利的关键前提。西南局根据抗战时对敌斗争的经验以及西南地区的特点，作出了组织一元化剿匪斗争的指示，即自军区至乡、保设立各级剿匪委员会，剿匪委员会以党委

---

[1] 中国人民解放军历史资料丛书编审委员会：《剿匪斗争·西南地区》，解放军出版社，2002年，第365页。

[2] 中国人民解放军历史资料丛书编审委员会：《剿匪斗争·西南地区》，解放军出版社，2002年，第362页。

书记与军事首长分别担任正、副主任，共同领导剿匪工作。① 这主要是由两方面的情况决定的：一方面是新中国成立初期，西南地区的匪特与之前的国民党正规军不同，他们是残余的国民党特务组织，利用惯匪与当地封建势力勾结，以各地的恶霸、地主、乡保长、袍哥头子为骨干，有计划地组织起来的反革命武装，具有鲜明的阶级性和社会性。这也决定了新中国成立初期西南地区的剿匪斗争不仅是简单的军事行动，更是一项艰巨繁重的政治任务。另一方面是解放初期，党在西南的干部既少且弱，同时该地区封建势力强大，人民政权根基未稳，因而党在剿匪斗争的过程中还承担着建立革命新秩序、稳固政权、组织民众进行土地改革以恢复和发展社会生产等任务。要把这些工作紧密结合起来，必须在地方党委一元化领导下进行统一部署、协调。地方党委领导一元化剿匪政策的确立，使各级干部明确解决了依靠群众建立剿匪统一战线，与组织经济、文化、军事诸方面的力量进行斗争的问题，进而使党得以在剿匪生产的总口号下，孤立匪特，团结组织最广泛的人民群众进入剿匪斗争。

2. 采取灵活机动的战术

采取灵活机动的战术，是剿匪斗争取得胜利的重要因素。西南地区土匪数量多，分布范围广，因其有封建基础，对群众有控制力，其活动非常灵活，这些匪徒或隐匿于民众之中制造混乱，或依托山多林密的有利地形打"游击战"。在剿匪作战的过程中，他们经常化整为零、适时集中、适时分散、狡猾避战。川西军区和川西区党委在摸清匪情的基础上，针对匪特的这些作战特点，采取以下不同的作战手段与形式：一是对集中盘踞之匪，采用以集中对集中的办法。在匪患延及广大地区的情况下，首先选择匪特活动最猖狂、危害活动最大的股匪，集中绝对优势兵力，进行有重点的分区进剿、围剿，每次战斗力求歼灭全部匪徒，打下政治攻势的基础。

---

① 《中共中央西南局、西南军区关于组织一元化剿匪斗争的指示》（1950年3月15日），载中国人民解放军历史资料丛书编审委员会：《剿匪斗争·西南地区》，解放军出版社，2002年，第107页。

二是对分散流窜之匪，采用以分散对分散的办法。大股匪特被歼灭后，部分残余匪徒流窜于边远地区，不易捕捉。对此，首先将军队大胆分散，深入探查土匪活动之地，在准确侦悉土匪指挥机关或猬集所在后，对该地区进行包围封锁，分散驻剿。三是对山区之围剿，一些匪特因严密搜捕无法在乡村或群众密集地区隐匿时，即率领小股基干武装，逃窜至深山区或者少数民族地区。对此，人民解放军采用重叠封锁、山山扫荡的战术，并采用分山包干的方法进行明确分工。随后先在外围紧要路口驻兵封锁，断绝匪特与外界之联系，而后再锁定范围进行合击。在剿匪过程中，人民解放军及时总结经验，针对不同阶段土匪的活动特点制定相应战术，做到有的放矢，这无疑是剿匪作战能够取得胜利的关键性举措。①

3. 发动群众，依靠群众

发动群众，依靠群众展开剿匪斗争，这是剿匪作战能够取得胜利的重要保证。人民群众是社会革命的主力军，历史上一切真正的革命运动，实际上都是人民群众自己起来摧毁旧制度的斗争。②川西地区的剿匪斗争是一项艰巨而复杂的政治军事斗争，该地区不仅土匪数量众多，成分构成复杂，而且散布各县、乡，在人民政权立足未稳之际，仅依靠军队力量无法取得剿匪作战的全面胜利。因此，在剿匪工作一开始，川西地区就坚决贯彻"军事进剿、政治瓦解、发动群众武装自卫"三者相结合的方针。川西地区在剿匪作战的过程中，无论是在重点进剿阶段，还是在分区清剿以及扫尾阶段，都十分注重发挥群众在剿匪工作中的重要作用，建立农村剿匪统一战线。例如，为争取与发挥群众力量进行剿匪，基本以农民为主，吸收一部分拥护剿匪征粮并有相当作用的民主人士及旧乡、保人员，组成乡、保治安委员会，形成农村剿匪统一战线及过渡的政权形式，起到协助

---

① 为了及时总结经验，西南军区还特地编印《剿匪经验汇集》一书，对西南地区各地剿匪经验进行了汇总。参见西南军区：《剿匪经验汇集》，1951年，内部编印。

② 黄亦君：《重构与改造：中共对贵阳的接管与政权建设（1949—1952）》，贵州人民出版社，2014年，第195页。

剿匪及完成征粮等任务。① 在党的领导下，在川西军区武装部队的支持下，人民解放军发动并依靠广大人民群众，采取重点围剿、包围封锁、各个击破等灵活战术，使全区匪情在1950年年底得到基本控制，社会秩序进一步稳定。

在1950年初，西南地区面临的两大任务分别是剿匪和征粮。所谓征粮，主要是指征收1949年的公粮，也就是土地税。前面曾经提及，由于解放南方采取的是先城市后农村的路径，这样导致的一个结果就是城市需要的粮食在短期内很难从农村收集上来，而城市庞大的党、政、军机关以及民众所需粮食数量巨大，故而急需征收1949年的公粮。在这种情况下，剿匪也为公粮征收提供了重要保障。因此在解放军全力剿匪的同时，征粮运动也在川西地区轰轰烈烈地开展起来。

三、川西征粮的政策与实施

1949年12月底，川西解放后，人民解放军驻川西部队和随军南下地方工作人员面临的第一个难题是：解放军大部队要给养，国民党几十万起义部队要解决吃饭问题，旧政府留下来的人员要供给，而国民党政府留下的库存粮食很少，加之反动残余势力煽动捣乱市场，城市人口买不到粮食，公路又遭到破坏，外地粮食运不进来，以致社会混乱，人心惶惶。② 据统计，这一时期进军川西的解放军有10多万人，成都周围起义、投诚的国民党军队有20多万人。还有众多的国民党公教人员，吃粮成了大问题。当时，西南局确定的整个西南地区公粮征收任务是40亿斤，其中仅四川就要承担30亿斤。面临如此艰巨的公粮征收任务，1950年元旦，在成都市军事管制委员会议上，川西区党委书记、军管会主任李井泉根据邓小平、贺龙和西南局的指示，重点研究了新区粮食政策和征粮工作中的若干政策

---

① 中国人民解放军历史资料丛书编审委员会：《剿匪斗争·西南地区》，解放军出版社，2002年，第374页。

② 宋海常：《成都黎明前后》，四川人民出版社，2009年，第259页。

问题。① 川西征粮运动的帷幕随之拉开。

（一）征粮政策的出台

1. 1949 年度公粮的征收政策

征粮工作是一项政策性强、任务重、意义重大的工作，川西区的征粮工作一开始就认真执行公粮合理负担的政策。1950 年 1 月，川西北临时军政委员会在《征粮工作宣传提纲》中规定了"粮多者多出，粮少者少出，赤贫者免出"的原则，对征粮工作要掌握阶级路线、执行合理负担政策以及完成任务的方法和完成任务的时间等都作了初步的规定。②

为了统一征粮标准与政策，1950 年 2 月 23 日，在邓小平主持下，西南局发出了《关于征粮工作的指示》，规定了征粮的详细政策，强调征粮中必须注意两个原则，一是负担面力争扩大到 70%～80%，二是地主负担不超过 40%～50%，富农不超过 25%～35%，佃富农不超过 20%，中农不超过 10%～15%，贫农不超过 5%。凡是不合这几条的必须按照各地不同条件做恰当的调整，对"有些小地主家境确实困难的，即应减少些"，对"有些公教人员在外地作事，其家仅有少量土地出租者，即不应按地土标准派粮"。③ 这是西南局对于征粮工作的相关规定。

为了更好地指导征粮工作，1950 年 2 月 28 日，中央人民政府颁布了《关于新解放区土地改革和征收公粮的指示》，规定中央人民政府所征收之公粮，在新区不到农业收入的 17%；地方人民政府附加公粮不得超过征粮的 50%。④ 随后，川西区贯彻中央政府和西南局关于征粮的指示精神，在

---

① 中共重庆市委党史研究室等：《邓小平与大西南（1949—1952）》，中央文献出版社，2000 年，第 189 页。

② 杨本立：《解放初期的征粮工作》，载中国人民政治协商会议四川省彭县委员会文史资料委员会：《彭县文史资料选辑：纪念彭县解放四十周年专辑》，内部编印，1989 年，第 126 页。

③ 中共重庆市委党史研究室等：《邓小平与大西南（1949—1952）》，中央文献出版社，2000 年，第 195 页。

④ 段志洪、徐学初：《四川农村 60 年经济结构之变迁》，巴蜀书社，2009 年，第 27 页。

对征粮任务做了细致的分析后,根据已有原则进一步规范了征粮政策。为了恢复和发展社会生产,同时保证战争供给,按照合理负担的原则,川西区1949年颁布的《公粮合理负担暂行办法》规定以粮食总收入计算负担。具体征收标准是:地主40%~50%;富农25%~35%;中农10%~15%;贫农5%,赤贫免征;寺庙祠堂土地收入一律以地主比例计征。同时要求各地负担户要达到总户数的70%~80%。为此,免征点规定为170斤米,即全家年收入人均170斤以下者免征。① 这一政策执行之初,征粮工作进行得比较顺利。到2月10日,已征收到粮食2000余万斤。其中,崇庆县600余万斤,彭县254万斤,华阳、成都两县各200余万斤,双流县170余万斤,新繁县160万斤,新都县110万斤,温江县68万斤,崇宁县60万斤,灌县50万斤,郫县24万斤等。②

在后期征粮的过程中,各地又涌现出某些乡县任务负担过重、征粮人员与民众发生冲突等不少问题,针对这一情况,川西区党委又发出了《关于检查征粮情况及处理办法的规定》,根据检查出来的问题,规定了如下处理办法:一是立即调整各县负担不平衡的数目;二是反复告诫下面的同志,一方面要求在征粮工作中发动农民群众与地主进行适当的斗争,另一方面亦要本着合理负担的原则,不给地主过分加重负担,征收面至少要达到50%以上;三是原确定今年前(指旧历年前,即己丑年)即将粮食一次屯起,事实上却有困难,为了不因逼得太紧而发生问题,已改为农民先交负担数的75%,余下的25%收春后再交。③ 为了稳定金融、平抑物价和解决交纳户的困难,1950年3月,川西区发出布告:人民币可抵交公粮。1950年5月,川西区又发出布告:黄金、银洋也可抵公粮。④

---

① 宋海常:《成都黎明前后》,四川人民出版社,2009年,第255页。
② 《温江专署关于征粮工作综合报告》(一九五零年三月二十日),载《中共成都市委温江地委文件选编:1950—1952(上册)》,内部编印,1987年,第85页。
③ 中共山西省委党史办公室:《1949:山西干部南下实录(下)》,山西人民出版社,2012年,第888页。
④ 宋海常:《成都黎明前后》,四川人民出版社,2009年,第255页。

川西区1950年5月已完成粮食征购任务的50%。继续征收粮食则出现了困难，许多地主仍然欠粮、隐瞒粮食。川西区党委指示各县召开欠粮会议，进行耐心的说理斗争并执行合理负担的政策，坚持贯彻原定的"粮多者多出，粮少者少出，赤贫者免出"规则，最终得到了广大农民的拥护，少数不交粮的地主陷入孤立，不得不按政策纳粮。①

2. 1950年度公粮的征收政策

1950年6月，鉴于上海等大城市已储备了足够的粮食，全国的物价上涨情况已经回落，考虑到西南地区自身粮食困难和长途运输不便等因素，政务院电令西南停止向中央调运粮食。1950年7月，中财委批准西南减征公粮25%，即减至30亿斤，西南征粮的压力才大大减轻。并且这时川东征粮已达原派任务的80%以上，川西已达80%，川南已达72%，川北已达60%。只要川南完成75%，川北、云南完成70%，贵州完成60%，征粮的任务就可全部结束。② 在这种情况下，西南军政委员会决定，西南地区1950年夏收不再另收公粮，所有1949年未缴纳的公粮，准许在夏收以后缴纳完毕。西南财委、西南军政委员会财政部据此分别指示各省区：凡已完成原任务70%以上者，欠粮户确为赤贫无法缴纳者，得斟酌减免；应纳而现在困难者，准秋收后补交；应纳而有力量缴纳但采取拖赖态度者，则加紧催征。③

对于1950年的公粮征收，中央根据西南地区实际，决定只进行一次秋征，总任务为26亿斤，相比1949年的40亿斤大大减少。根据征粮情况的调整，川西区对1950年公粮的征收办法作了新的规定。1950年9月21日，川西区颁布《关于征收1950年农业税（即公粮）的指示》，规定"川

---

① 中共重庆市委党史研究室等：《邓小平与大西南（1949—1952）》，中央文献出版社，2000年，第196页。
② 中共中央文献研究室，中共重庆市委员会：《邓小平西南工作文集》，重庆出版社，2006年，第207页。
③ 华东师范大学中国当代史研究中心：《中国当代史研究（第1辑）》，九州出版社，2009年，第226-227页。

西土地集中，地主阶级占有大量土地，一户土地分散在一县数乡，甚至是数县，是极普遍的现象，而且堂名、化名较多。在以产量计征的原则下，属地计征不合理，地主负担减轻；完全属人归户后计征亦有困难。因此，必须采取根据田亩及减租后收入等材料，属人统一确定负担税率，属地计征交粮的办法"①。1950年9月30日，西南军政委员会发布《关于1950年农业税征收工作的指示》，要求各地政府以常年产量为计征标准，做好田亩、产量和人口的调查评议，以揭发黑地为重心推动征粮任务的完成。②

　　由于中央政府和地方各级政府有了明确的征粮原则，征粮政策也较为成熟，征粮流程得到了完善；同时由于匪乱逐渐平息，群众已经初步组织起来，干部的强迫命令作风得到了纠正，政策水平有了提高，1950年秋粮征收的情况非常顺利，大体上用了两个月就超额完成任务。这表明，西南民众已经完全认同新生人民政权，从而为彻底肃清西南匪患起到了釜底抽薪的作用。③ 1951年1月，西南军政委员会对过去一年的征粮工作总结道："1949年度公粮，经过半年到八个月的艰苦奋斗，调整减免达四分之一，曾纠正过若干缺点和错误，才告完成。但却给1950年度公粮做了非常有益的准备。1950年度公粮，大体两个月时间顺利的超额完成了。这是由于农民有了组织，干部熟悉了情况，正确的执行了中央农业税收政策的结果。"④

　　实际上，西南秋粮征收的情况，也是全国新区征粮情况的一个缩影。由于政府方针明确，政策适当，各地干部熟悉了本地情况，动员了群众，查清了过去旧政权一直没能搞清楚的农民隐瞒地亩的问题，所以在1950年

---

① 四川省地方税务局：《新中国农业税史料丛编（第26册）》，四川人民出版社，1998年，第56页。
② 赵永忠：《当代中国西南民族发展史论》，云南大学出版社，2012年，第32页。
③ 华东师范大学中国当代史研究中心：《中国当代史研究（第1辑）》，九州出版社，2009年，第231页。
④ 刘岱峰：《西南区一年来财经工作的基本情况和1951年的工作任务》（1951年1月29日），《川北政报》，第2卷第3期，1951年2月15日。

秋征粮税比例大幅度下调的情况下，全国各新区实际征收的粮税反而比1949年征收的多出了许多。新区的征粮工作几经曲折，终于进入正常轨道，取得了粮食征收的主动权。那么，征粮工作究竟是如何开展的呢？

（二）征粮工作的实施

1. 组织领导机构，建立征粮队伍

1950年1月，随着征粮政策的制定，川西各县立即组织力量，全力以赴，开展征粮工作。为了能够按时完成征粮任务，及时解决实际征粮过程中可能遇到的困难，川西区党委于1950年5月8日作出"指挥员上前线"的决定，抽调了行署一级党政负责干部到地委、重点县参加工作，并规定了每五日向区党委汇报的制度。龚逢春、朱绍田、周颐带干部赴绵阳地委，余秋里、罗志敏、桂绍彬、张韶方带干部赴温江地委，张呼晨、王德茂带干部赴眉山地委。[1] 此外，为加强征粮工作的力量，川西区党委从进军西南的解放军、西南服务团四川支队中组织抽调部分骨干并吸收大批本地的青年学生，如川大、华大的学生等，组成征粮工作队，分赴各区县组织开展征粮工作。

据资料记载，第一批组织下乡（1950年1月）的征粮工作人员有493人，分赴温江分区和成都县、华阳县、新都县、郫县、梓潼县；第二批组织下乡的征粮人员共1076人（其中进步青年学生356人），分配到温江分区359人，绵阳分区446人，眉山分区271人。[2] 当时在农村，新的政权尚未建立，旧的乡保势力和封建势力影响仍较大，一般群众对党的政策还不了解，在到处都有土匪武装的情况下，下乡征粮，不但任务艰巨、生活艰苦，而且还有很大的危险。但是当这些干部和青年学生明确了征粮工作

---

[1] 中共重庆市委党史研究室等：《邓小平与大西南（1949—1952）》，中央文献出版社，2000年，第192页。

[2] 中共山西省委党史办公室：《1949：山西干部南下实录（下）》，山西人民出版社，2012年，第887页。

的重要意义后，都争先恐后地要求下乡征粮，从事艰苦的革命工作。当时因工作需要被留在城市机关里的青年学生还会因没有被分配下乡而闹情绪。那些下乡的青年学生，深入到农民群众中，经过锻炼，大多成长为坚强的革命战士；有的在后来的匪特暴乱中，坚持革命气节，英勇地献出了宝贵的生命。不少人经过斗争锻炼，思想觉悟、政治理论水平和工作能力不断提高，最后成了各级党组织和政府的领导骨干。[1]

2. 制造舆论声势，积极宣传政策

为了造成征粮声势，邓小平特别要求舆论工作要跟上。他认为，征收公粮，一般开始都是轰轰烈烈的，但后来征收效果都很不理想，主要原因是报纸的宣传报道不够，而凡是征粮工作做得好的地方，报纸都报道得比较充分。贺龙对邓小平重视新闻舆论工作这一看法十分支持，在川西解放之初，他就指示进城以后尽快接管报社并出版党的报纸，占领舆论阵地。原《晋绥日报》编辑部人员大多随军南下，组建了《川西日报》（今《四川日报》前身）。1950年1月以后，《川西日报》开始大篇幅地宣传和刊登征粮工作的相关内容。同时，1950年全年，特别是上半年，征粮剿匪也是西南局机关报《新华日报》报道的重点。1950年5月16日，邓小平在《在西南区新闻工作会议上的报告》中再次强调"报纸要用评论、社论，加上一连串的报道来领导交公粮"[2]。

人民政权刚刚建立，党在新闻界的力量非常薄弱，《川西日报》就成为当时党在川西地区具有重大影响力的宣传媒介。在征粮工作开展期间，《川西日报》刊登了大量西南局和川西行署关于征收公粮的一系列政策和规定，对川西区征粮工作的顺利完成起到了重要作用。1950年1月23日，《川西日报》刊登了川西区党委制定的《川西区1950年度公粮合理负担暂

---

[1] 中共山西省委党史办公室：《1949：山西干部南下实录（下）》，山西人民出版社，2012年，第888页。

[2] 中共中央文献编辑委员会：《邓小平文选》，人民出版社，1989年，第126页。

行办法》①，由此揭开了征粮报道的序幕。为了及时纠正征粮过程中出现的失误与偏差，《川西日报》还刊登了余秋里同志的《关于新都征粮工作的检查报告》、龙共同志的《从永兴乡调查看征粮中存在的问题》、林道同志的《对〈从永兴乡调查看征粮中存在的问题〉的意见》，以及僧梁同志的《对新都当前征粮工作中的问题和克服的办法》等文章，既保证征粮工作公正公开进行，又能使各区县相互学习征粮经验，帮助解决征粮过程中遇到的难题，进而推动征粮工作顺利进行。另一方面，除了利用报纸宣传，有些区还专门派干部深入农村，向农民宣传征粮政策以及征粮工作的意义重大。

以华阳县为例，川西区党委的余秋里和县委、县政府的同志带领几百名干部，分赴 31 个乡进行征粮宣传。大批干部集中下去，他们造舆论，造声势，土匪特务慑于这种气氛，开始逃匿，老百姓开始向干部靠拢。他们在每个乡召开不同形式的群众会议，如农民代表会议、乡保长会议、民主人士会议、小学教员会议、妇女代表会议，还召开了欠粮户座谈会。所有乡的农民代表会议（简称"农代会"）都由县里的负责人主持。在会上，结合群众的切身利益说明征粮工作的意义，说明交公粮是为了谁，对谁有利，使群众把征粮看作自己的事情②，使华阳县的征粮工作顺利完成。

3. 紧紧依靠群众，团结一切力量

在征粮工作筹备之初，邓小平就指出西南地区形势复杂，在开展征粮工作中要注意团结群众。邓小平强调："征粮的关键在于依靠群众，开好农代会及人民代表会议。"③ 紧接着，1950 年 4 月，川西区党委召开高级干部会议，着重解决征粮工作中放手发动群众的问题，明确提出"在坚决发动群众的基础上，争取团结知识分子、开明士绅，使用控制改造乡保人

---

① 《川西区1950年度公粮合理负担暂行办法》，《川西日报》，1950年1月23日，第1版。
② 余秋里传记组：《余秋里传》，解放军出版社，2017年，第200页。
③ 中共中央文献研究室，中共重庆市委员会：《邓小平西南工作文集》，重庆出版社，2006年，第8页。

员"的工作方针；会后各县召开了各界人民代表会议，大部地区都召开了县、区农代会，使政策和广大群众见面。①会议多次强调要顺利完成征粮任务，就必须充分认识到依靠人民群众的重要作用，要使人民群众响应并且积极拥护我党的号召，使征粮工作在广大人民群众的监督之下开展。

在实际的征粮工作中，川西大部分县都很好地贯彻了这一思想，在充分发动群众的基础上，各乡、保都建立健全了征粮的组织。乡成立了征粮工作团，保成立了催粮工作组。这些组织以参加农代会的代表为骨干，同时吸收乡保长、进步人士和小学教员参加。各乡每天向县工作团汇报情况——征粮进度、地主富农的态度、农民的情绪，以及工作中的经验教训。②以龙潭寺乡为例，龙潭寺乡原来征粮情况最差，工作团到来之前，仅完成了征粮任务的10%。工作团来到乡里，召开了两次有2000人参加的农代会，让地主也列席参加。他们广泛动员群众，突击征粮，并把全乡的劳动力（包括地主）组织起来运粮，每天收粮都在10万斤以上。到5月30日，龙潭寺乡完成征粮任务的90%。③余秋里及时向全县通报他们由后进变先进的经验，推动了全县的征粮运动。1950年5月，在对西南各地区半年来的征粮情况进行总结，邓小平对征粮工作完成较好的区县提出表扬时，再次指出在征粮过程中凡是积极发动群众，善于处理保甲问题，团结开明士绅，争取农村知识分子的，就办得好。④

（三）征粮的结果及意义

1950年7月底，整个川西区基本上完成了公粮任务。据各省政府、行署财政厅统计，川西区总计完成1949年公粮7.47亿斤，1950年公粮8.8

---

① 中共山西省委党史办公室：《1949：山西干部南下实录（下）》，山西人民出版社，2012年，第891页。
② 余秋里传记组：《余秋里传》，解放军出版社，2017年，第200页。
③ 余秋里传记组：《余秋里传》，解放军出版社，2017年，第200页。
④ 中共中央文献研究室、中共重庆市委员会：《邓小平西南工作文集》，重庆出版社，2006年，第131页。

亿斤。① 此外，川东、川北、川南 3 区于 1950 年向受灾的华东地区及上海市调出大米 7.5 万吨，1950 年和 1951 年川西区供应进军西藏部队的粮食共有 5.5 万余吨。② 8 月 18 日，川西行署财政经济委员会在《半年来公粮工作报告》中写道："第一，基本上完成了公粮任务，原西南分派我区公粮任务……截至 7 月底止，入库占全区公、地粮总任务的 80% 多（温江分区完成 87.5%，绵阳分区完成 78%，眉山分区完成 70%，郫县因按政策调整较好，完成 100%），估计到 8 月 10 日前，全区可完成 85%。公粮任务的基本完成，保证了支援进军西藏的粮食；并补助了西康粮食的一部，保证了当地驻军的供应；特别是在川西解放初期，对近 60 万人的紧急供应，得以顺利地进行剿匪与起义投诚部队的改编；保证了贸易抛粮，稳定了物价，回笼了大量本币，保证了一部分财政开支。第二，基本上贯彻了合理负担政策。经过调整后大部分地区负担面约占 80%，约占全部土地 70% 以上的地主富农负担占总任务的 70% 多，农民负担约占 25%。第三，更重要的收获是通过公粮工作，初步发动了群众，提高了农民的觉悟，并培养了大批积极分子。此外，我们许多干部，亦因公粮工作的多次教训，在发动群众的工作方法上、政策思想上、统一战线的认识上都提高了一步。所有这些成绩与收获，对今后工作开展，创造了有利条件。"③ 这个报告对川西区的征粮工作进行了全面总结，也是对征粮工作卓有成效的肯定。

征粮工作的完成为其他各项工作的展开奠定了基础。经过一系列复杂的斗争与政策调整，到 1950 年 10 月 1 日，邓小平正式宣布，西南区"一

---

① 四川省地方志编纂委员会：《四川省志大事纪述（下）》，四川科学技术出版社，1999 年，第 6 页。

② 四川省地方志编纂委员会：《四川省志大事纪述（下）》，四川科学技术出版社，1999 年，第 6 页。

③ 中共山西省委党史办公室：《1949：山西干部南下实录（下）》，山西人民出版社，2012 年，第 892 页。

九五零年度公粮已基本完成"了。① 这一征粮任务的完成，使西南财政问题得到彻底解决；同时也打击了封建势力和地主阶级的气焰，提高了党在西南民众中的威信。征粮问题的解决，不仅有力保证了西南地区军需民食供给和粮食外调，也初步积累了关于西南农村粮食生产、储存状态和各阶层经济状况的基础资料，为今后的土地改革创造了一定的条件。总体来说，征粮任务的完成，对保障军需民用、市场供应和平抑物价起了重大作用。

征粮工作的完成使人民政权树立了政治权威。川西区粮食征收任务的完成，绝不仅仅是一个财经问题。更重要的是，党和政府通过坚持征粮，在当地民众中确立起了自己的政治权威。实际上，征粮可以看作是一场与地主阶级较量的阶级斗争，配合剿匪行动的开展，发动和组织农民群众，建立人民政权在广大农村的社会基础。

随着征粮进入轨道和剿匪任务的进展，1950年秋，中共中央又不失时机地开展"清匪、反霸、减租、退押"四大运动，加快了社会改造的步伐。川西区在迅速完成征粮后，各县乡先后在11月份转入了减租、退押运动。清匪反霸贯穿于整个运动过程，目的是打垮那些敢于公开抗粮，破坏减租退押的地主当权派恶霸分子。邓小平评论这场运动说："这场群众运动声势浩大，地主阶级不敢公然抵抗，一些地主由于恐惧而自杀。"② 这说明，西南传统地方势力已经没有力量再进行有组织的反抗了，人民政权从而为即将开始的土地改革铺平了道路。

---

① 邓小平：《开国一年在西南》（1950年10月1日），《人民周报》，1950年第1期，1950年10月8日。

② 中共中央文献研究室，中共重庆市委员会：《邓小平西南工作文集》，重庆出版社，2006年，第314页。

红日东升 征粮剿匪运动中的川大英烈

征粮剿匪运动中的川大人

从1949年底起,征粮工作便在西南局的统一领导下开展了起来。征粮工作轰轰烈烈开展之际,蓄谋已久的国民党残留匪特利用政府征收公粮一事,蒙蔽裹挟部分落后群众,有计划有组织地在川西各地以"抗粮"为口号发动大规模的土匪暴乱。土匪不仅肆意破坏人民财产,还杀害各地征粮工作队员和解放军战士,使得川西地区的城市接管、政权建设、征粮等各项工作被迫暂停。因此剿匪被提上西南区军政委员会的工作日程,成为当时亟须解决的棘手问题。

征粮任务迫在眉睫,但敌特及旧社会政治势力趁机暗中活动,散布谣言,勾结土匪,公开暴乱,极力破坏征粮工作,还残忍杀害大批征粮工作人员。由于征粮干部锐减,地方各县、乡急缺征粮人才,纷纷向上级求援,这也是新中国成立初期无数青年、学生奔赴农村协助征粮剿匪工作开展的重要原因。川大和华大是两所拥有光荣革命精神的高校,在长达半个世纪的民主革命时期涌现出无数的革命烈士和伟大人物。这两所学校的学子面对近在眼前的征粮剿匪工作,在党中央的号召下,在川西区党委的直接动员下,经过寒假青年学园和青年干部培训班的教育,纷纷自发投入西南地区社会建设中,坚定不移地奔赴征粮剿匪工作一线。他们在党组织的带领下,配合南下干部动员农民,积极宣传党的相关政策和思想,推动征粮工作的顺利开展,同时充分发挥学生具有亲和力的独特优势,刺探敌情,为剿匪任务的完成做出不可磨灭的贡献。在这场革命运动中,无数学子也实现了自我成长,更加深刻地了解社情民情,切身体会到中国共产党领导的正确性,自身的社会实践能力也得到较大的锻炼。他们为新中国成立初期巩固中国共产党新政权、稳定社会秩序作出了卓越贡献,部分学子在剿匪的历史洪流中,为社会主义革命献出了年轻而宝贵的生命。

一、针对协助征粮剿匪的思想动员

由于长期受到国民党歪曲宣传的影响,一些学子还停留在事不关己的象牙塔美梦里,未能摆正政治立场,对于中国共产党的执政能力与决心仍然存在较大的怀疑,不愿意为革命事业奋斗。华大曾经是教会学校,一些家境殷实的学生,染上不少资产阶级奢靡生活的恶习,对社会疾苦了解不深,贪图享乐,不愿意走出家庭和学校的舒适区。因此,接管和改造学校的同时也必须大力改造学生们的思想,促使他们行动起来,参加征粮剿匪运动,为新中国初期社会建设出智出力。在这个过程中,川西区党委、成都市委领导的呼吁为学生们指引了革命的方向,寒假青年学园和青年干部培训班更是潜移默化地提升学生们的精神境界,让大家明确参与征粮剿匪的必要性。1950年2月22日,川西区党委第一书记李井泉所作的报告直接助推了川大和华大学生参与川西地区的征粮剿匪运动。

(一) 全国学联号召

全国学生联合会(简称"全国学联")是五四运动的直接产物,它的诞生推动了学生运动的发展和进步。中国共产党成立后,全国学联在党的领导下,团结全国青年学生,为抵抗外来侵略,推翻三座大山,夺取新民主主义革命的胜利发挥了不可替代的历史性作用。而在新中国成立初期,全国学联始终接受党的领导和影响,沿着党所指引的方向,站在斗争的最前列,在学生运动中起到组织、引导、推进的重大历史作用。

1950年2月25日,中央人民政府教育部举行茶会,招待全国学生联合会第十四届执委会扩大会议各地区的学生代表。到会的有全国学联执行委员和各地学生工作负责人百余名,教育部马叙伦部长、钱俊瑞副部长,以及教育部各厅司处负责同志。会上,马部长对各地代表提出希望,他说:"全国的完全解放尚未完全告成,台湾、海南岛、西藏等地尚待解放。目前政府财政是很困难的,所以希望同学们能担起宣传、响应交粮和推动认购折实胜利公债的任务,协助政府做好生产救灾和抢救灾区教育的任务。"[1] 在全国学联执委会扩大会议闭幕式上,大会号召全国学生热爱劳动、热爱祖国、加强学习、努力建设新中国。[2] 各地区学生代表先后发言,愿意回校动员学生担负起历史与国家交予青年学生的责任。全国学联呼吁大家融入新中国,建设新社会,这唤醒了包括部分川大与华大学生在内的对政治革命和社会建设麻木的青年人,使他们提高了自己的觉悟程度和组织程度,开始自觉地将自己的前途和命运与祖国的前途和命运紧紧连在一起,积极参与包括征粮剿匪在内的西南区社会革命。由此可见,全国学联明确了各地学联的工作内容,指明了青年学生担负历史责任的奋斗方向,为动员学生大规模参加征粮剿匪运动起到了不可估量的作用。

(二)组织教育

1950年2月7日,青年团[3]川西区工委和成都市工委遵照川西区党委的指示,依靠原中共晋绥分局青干校的骨干和中央团校毕业来川的同志,在当时的成都江汉路荫唐中学旧址(原西城区政府所在地),举办了在川西区青年运动史上有着重要作用的"川西区青年干部培训班"(简称"青训班")[4]。培训的对象主要是来自党在成都6所大专院校和33所中学的"民协""民青""火星"等革命组织中发展的217名进步青年。虽然他们多数出生于非劳动人民家庭,但都是经过地下斗争锻炼,是由党审查推荐的

---

[1] 《教育部昨举行茶会,招待全国学联执委,马部长等号召协助政府克服困难》,《人民日报》,1950年2月25日,第1版。
[2] 《学联执委扩大会闭幕》,《川西日报》,1950年2月25日,第2版。
[3] 当时的团组织是中国新民主义青年团,简称青年团,后于1957年改称为中国共产主义青年团。
[4] 《纪念"五四"71周年暨青训班结业40周年》,载共青团成都市委员会:《战斗青春友谊》,内部编印,1991年,第3页。

进步青年，政治立场坚定，革命热情很高。在受训期间，这些进步青年主要学习了《社会发展史》《论人民民主专政》等著作，同时听取了贺龙等领导同志的报告，进行思想改造，树立阶级观点、群众观点、理论联系实际等观点。

青训班在强调组织纪律性、开展批评与自我批评的同时，进一步帮助青年们树立革命的人生观，解决好全心全意为工农群众服务的问题。据四川大学学生艾世文回忆，"青训班的生活既艰苦又愉快"[1]，虽然物质生活条件相当简陋，但是他们是满足且激动的，每个人都做好未来吃苦的准备，兴致勃勃地渴望赶紧到群众中改造自己。以至于青训班快结业的时候，大家都争先恐后地申请到最艰苦的地区工作，一些留在城市工作的同志还有"情绪"。[2]青训班开设虽然只有短短两个月的时间，但它为川西区团组织的建设发挥了应有的作用。青训班的同志们结业后纷纷奔赴农村，到川西各县、区积极参加地方建设，为川西地区征粮剿匪运动的开展贡献力量。

同时，青年团成都市工委为了利用寒假帮助同学组织集体学习，提高政治认识和增进科学知识，把寒假里学生原本分散沉寂的生活变为热烈活泼的集体生活，特举办寒假青年学园。1950年2月7日，寒假青年学园正式开学的那天，第三分园已经报到了1200人。川大内部同学得到消息后，迅速先派代表来要求入学，他们纷纷认为这是难能可贵的锻炼自己的机会。[3]截至23日，已有2400多名学生参加寒假青年学园，700多人申请入团，发展团员100多人。[4]在寒假青年学园的小组讨论中，当问到"目前征粮工作中，我们应该持什么态度"的问题时，绝大多数学生表示，坚决

---

[1] 艾世文：《回忆成都解放及青训班的几件事》，载共青团成都市委员会：《战斗青春友谊》，内部编印，1991年，第37页。

[2] 《肖柳同志的讲话》，载共青团成都市委员会：《战斗青春友谊》，内部编印，1991年，第15页。

[3] 《青春的活力——记第三寒假学园》，《川西日报》，1950年2月16日，第3版。

[4] 中共成都市委党史研究室：《中国共产党成都历史：1949—1978（第2卷）》，中共党史出版社，2011年，第45页。

拥护人民政府这一政策，动员自己的家人亲友踊跃征粮。有的人马上就给自己的家里写信，还有学生马上回家给亲朋好友讲解人民政府的公粮政策，进行劝导工作。① 针对当时社会对征粮存在不同意见的情况，寒假青年学园实事求是地去调查分析，避免深居校园的大学生被某些敌特分子所利用。例如，寒假青年学园第三分园某小组为了调查收集民众对征粮政策的真实意见，向附近农民进行拜访。他们第一次拜访了一家地主，谈到公粮问题时，地主即向他们诉起苦来，说人民政府公粮征收太重。回来以后，该小组成员进行热火朝天的讨论，表示对该言论存疑，决定组织第二次调查，去听听更多人对于征粮政策的意见。这一次他们吸取教训，扩大了拜访面，总共调查了七家，其中有五家免征户，两家出粮户，结果这七户人家都对人民政府的公粮政策表示非常满意。② 其他分园亦是如此，他们不但对目前乡间的反应和某些传说加以分析，对问题作具体研究，而且有些小组还走到学园附近的村庄上去了解情况，以明确自己的认识。虽然有的人也曾想到自己家庭出粮后可能遇到的家庭困难和个人困难，可是，当一想到应该体谅政府的困难和工农劳苦群众的甘苦后，他们也就无所顾虑了。③

尽管寒假青年学园只有短短的二十几天，但很多同学不仅改变了生活方式，还按照党团组织的要求，深刻地改变了自己的认识。他们在小组讨论和检讨大会上澄清事实，坚决改造自己的旧思想；在政治、常识、科学知识、音乐、体育等集体学习中，更加深入地了解社会形势和自身的使命与责任，开始走出校门响应党中央的号召。同学们的思想认识和实践能力都得到很大程度的提升。

总而言之，寒假青年学园和青训班都是当时吸收培训青年知识分子成为社会建设重要人才的关键组织。不同点在于，前者对广大青年知识分子

---

① 《青春的活力——记第三寒假学园》，《川西日报》，1950年2月16日，第3版。
② 《青年人在磨练中——记青年学园的收获》，《川西日报》，1950年2月25日，第4版。
③ 《青春的活力——记第三寒假学园》，《川西日报》，1950年2月16日，第3版。

进行社会主义、共产主义的广泛的群众性教育；后者直接为党培训一批骨干分子，并经过他们吸收大批知识分子参加党的各项事业。特别值得一提的是，当时青年团成都市工委通过上述活动，依靠青年组织的力量，与包括川大与华大在内的成都广大学生建立起比较密切的联系，并在潜移默化的教育中成功动员热血青年参与川西地区征粮剿匪工作。①

（三）征粮剿匪动员大会

随着成都的解放，1950年初，"民协"的川大干事发表了《告全体同志书》，并召开了全体大会，实行"内部公开"，布置了迎接军代表和协助搞好接管等工作。② 1月12日，成都市革命青年组织举行会师大会。参加会师的有青年团成都市工委和南下的青年干部，党领导的青年组织（如"民协""民青""火星"等）成员，共500余人。其中"民协"等青年组织中有许多川大和华大学生的身影。贺龙、王维舟、李井泉等到会讲话，勉励青年们团结一致，互相学习，团结成都市20万青年参加建设工作。③ 1950年2月初，178师政治部主任朱向黎同志从石板滩乡返回成都途经龙潭寺乡时，遭遇土匪袭击，朱向黎和跟随他的一个班的战士全部牺牲。就在这一夜之间，成都周围有11个县发生武装叛乱，有6个县城被土匪围困，大片农村被土匪控制，叛匪从东到西对成都形成包围之势，大量下乡征粮和组建区乡政权的干部被害身亡。④ 川西地区情况紧急，社会动荡，人心惶惶，征粮剿匪工作陷入困境。为了顺利完成西南区革命任务，为了巩固中共新生政权，为了稳定动荡不安的社会秩序，川西区党委通过抽

---

① 《史立言同志的讲话》，载共青团成都市委员会：《战斗青春友谊》，内部编印，1991年，第12页。
② 艾世文：《回忆成都解放及青训班的几件事》，载共青团成都市委员会：《战斗青春友谊》，内部编印，1991年，第36页。
③ 成都市委党史研究室：《接管成都》，成都出版社，1991年，第458页。
④ 王琦：《解放初期我在禾登乡的工作》，载中国人民政治协商会议四川省新都县委员会文史资料委员会：《新都文史（第16辑）》，2000年，第25页。

调、作报告等方式直接动员四川各高校学生参与征粮剿匪工作，其中重点动员的对象便是拥有优良革命传统的川大学子。

1950年2月22日，川西区党委书记李井泉同志到寒假青年学园作报告，他讲述在解放后的短短时间里，国民党遗留下来的特务勾结地方封建势力组织土匪叛乱，严重破坏生产，残害人民。一部分派到地方的军管人员和征粮工作队员惨遭杀害，有的县因征粮工作人员牺牲过多，开展工作十分困难，急需补充干部力量，他号召学生们踊跃参加征粮剿匪运动。当天晚上，川大与华大校内的"民协""民青""民盟"等进步青年组织也分别召开了动员大会。学生们听完报告后热情高涨，第二天纷纷报名，毅然放弃学习，要求投身革命。[1] 新中国建立初期，各大高校学生短期内接受新民主主义教育，面对千疮百孔的新中国，年轻人一腔热血，恨不得立即投奔革命，实现人生价值。可以说，李井泉同志的讲话直接点燃了大学生心中的革命之火，拉开了包括川大、华大在内的成都各大高校学生跟随南下干部等参加征粮剿匪运动的帷幕。

1950年2月24日，在李井泉、阎秀峰、阎红彦同志的主持下，征粮剿匪誓师大会于成都华瀛大舞台召开。参加会议的同志有相当部分是川西地区的党员、团员及积极分子，城市知识青年。他们大多是来自成都各大、中学的学生和教职员，以及原国民党政府各机关中表现较好的留用人员。会场内，解放歌曲此起彼伏，学生们相互惜别，赠言祝福。[2] 此次誓师大会后，不少热血的川大与华大学子在川西区党委的号召下，加入川西各地的革命队伍，协助南下干部，完成各地征粮剿匪运动。

由此可见，虽然征粮剿匪之路危险重重，但川大与华大学子在全国学联的号召下，在寒假青年学园和青训班的教育中，系统学习了社会主义知

---

[1] 熊敬笃，汪海澜，向仁杰：《记1950年春到新繁工作的大学生》，载中国人民政治协商会议四川省新都县委员会文史资料会：《新都文史（第16辑）》，2000年，第29页。

[2] 邵志一：《我在新都解放初期工作的日子里》，载中国人民政治协商会议四川省新都县委员会文史资料委员会：《新都文史（第16辑）》，2000年，第20页。

识和党的方针政策，从情感、理论、信念上都开始高度认同中国共产党，渴望能积极参与到征粮剿匪、土地改革等实践工作中去，从而为人民服务。1950年2月川西区党委书记李井泉同志在寒假青年学园所作的报告无疑为当时川大学子提供了改变社会、证明自己的实践机会，直接拉开了成都地区大学生大规模参加征粮剿匪任务的帷幕，而激情昂扬的征粮剿匪誓师大会再一次将学生们的革命热情推向高潮，让许多徘徊犹豫的学生也开始勇敢地加入征粮剿匪队伍，一起参加新中国的建设。

二、下乡参与征粮剿匪的具体情形

川大和华大均位于成都，考虑到交通距离、方言等因素，两校学生大部分是按就近原则被动员到新繁、温江、双流、华阳等成都周边地区参与征粮剿匪运动。碍于所收集资料的详略，下文将以新繁为突破口，力图重现川大与华大学生参与征粮剿匪的具体情形，同时也会以同时间其他地区的情况作补充说明。

（一）前期准备工作——培训

川大和华大的学生虽然或多或少有过革命的经验，但是大部分人从事的都是地下工作，并没有多少正面面对武装斗争的经历。在征粮剿匪工作中负责剿匪任务的主要是人民军队，学生主要担负征粮任务，但是征粮过程中难免遇见土匪的阻挠。为了保证学生们的安全和征粮工作的顺利开展，学生都会接受政治训练和军事培训，并分别加入各个征粮工作组，协助南下干部展开艰巨的征粮剿匪任务。

据川大学生熊敬笃回忆，新繁一直是川西地区土匪暴乱造成损害最惨重的县之一。1950年2月初，新繁境内以旧政权势力、地方恶霸等为首的几股土匪勾结起来，对县城发起凶猛进攻。在战斗中，县军管会派往新农等乡的征粮工作队的刘兴汉、丁占茂等30名同志和驻县解放军独一师的干部战士3人被匪徒杀害。1950年2月25日，川西区党委按照新繁县、彭县、崇宁县三县的实际情况，首批抽调了 100 名学生前往当地参加工作。这些学生冒着早春风寒，在军事代表的带领下，在起义部队的护卫下，分乘汽车，经成彭公路到达上述三县。两个月后，又从青训班等调来一批学生。至此，在新繁县参加征粮剿匪工作的大学生共 37 人。其中，除吴德舜、王淑修是华大的，剩余的 35 人都是川大的学生。

首批到达新繁的学生，第二天（2 月 26 日）在中共新繁临时县委领导、军事代表王瑜山和人民政府县长曹云生的主持下，被集中起来进行政治形势教育，并各领了一支步枪。驻县解放军的一个团长为他们讲授枪的结构、性能和使用方法，并带领学生们去城外西桥河坝实地打靶。[1]

（二）参与征粮剿匪工作

当接受完政治形势教育和军事培训之后，川大和华大的学生便分别与南下干部组成征粮工作组，每个小组的人数一般来说不超过十人。由于南下干部的革命工作经历更加丰富，实践能力更强，所以组长往往由南下干部担任，川大和华大的同学则协助南下干部深入农村开展征粮剿匪工作。其中，川大学子凭借自己的方言和知识优势，在具体的征粮剿匪工作中承担以下任务：

其一，宣传动员。征粮工作小组需要大力宣传中国共产党的公粮政策。1950 年 3 月 1 日，熊敬笃等五位学生加入以南下干部范林生为队长的征粮工作组，一行十人背起步枪和行李向新繁县龙桥乡出发。刚到龙桥乡时，原乡长刁嘉宾就将当地严峻的形势作了情况介绍，他的介绍令在场的所有人都颇为紧张。龙桥乡场上，商店和居民大多没有开门，少有居民上街，大桥两头有军人守护，到处都是静悄悄的。

熊敬笃等学生主要负责宣传事宜，他们在街上谨慎地贴标语，写新口

---

[1] 熊敬笃，汪海澜，向仁杰：《记 1950 年春到新繁工作的大学生》，载中国人民政治协商会议四川省新都县委员会文史资料委员会：《新都文史（第 16 辑）》，2000 年，第 30—31 页。

号。十天后，征粮工作组的工作面逐步扩大，开始向农村各保延伸。由原乡保人员领路，乡警人员护卫，征粮工作组集中保上群众开会，向群众宣讲人民政府政策，解除了群众的顾虑，特别是通过反复讲解剿匪的宽大政策，要求他们劝告参加过叛乱的亲友到县公安局自首、登记。① 熊敬笃等人在新繁县大力宣传党的相关政策，为动员群众一起参与征粮剿匪起到了重要作用。同时，川大农学院蚕桑系的曾廷钦也曾随征粮工作队一起到高笋乡做群众工作，他们深入乡村宣传《共同纲领》和《约法八章》，使得该地区在和平解放后保持了平稳的局面。②

军管文教接管会召开会议讨论剿匪宣传工作，要把力量分散到各个角落，深入到群众中具体解释政策。③ 川大与华大学子凭借自身知识分子身份和熟悉四川各地方言等优势，扛起征粮剿匪工作中的宣传大旗。他们对中国共产党方针政策的解释和对社会主义理论的宣传，成功消除了农民们的顾虑，尽可能动员一切可以动员的力量，团结一切可以团结的对象，孤立反动的敌特分子和地主土匪。他们也因此招致了敌人的注意和仇视，部分学生因此英勇牺牲。

其二，侦察敌情。尽管有当地工作人员的介绍，但无论是学生还是南下干部都没有在征粮剿匪所在的地区生活过，加之土匪和敌特分子善于藏匿，所以短时间内征粮工作组难以全面掌握当地的匪特具体情况。而长期在当地生活的百姓深受土匪的欺凌和压迫，手里掌握着土匪动静的一手信息，但他们往往出于明哲保身的态度不愿意提供消息，这就需要征粮工作组成员们深入群众内部，获取群众信任，从而获得土匪和敌特分子的最新动态。例如在新繁县的征粮剿匪工作中，南下干部穿的是军装，说着老百

---

① 熊敬笃：《回忆解放初在龙桥工作的日日夜夜》，载中国人民政治协商会议四川省新都县委员会文史资料委员会：《新都文史（第15辑）》，1999年，第176页。
② 党跃武：《川大记忆：校史文献选辑（第4辑）》，四川大学出版社，2011年，第335页。
③ 《军管会文教接管会召开会议，讨论剿匪宣传工作》，《川西日报》，1950年2月26日，第4版。

姓听不懂的北方口音，不便接近群众，主要通过间接联系来了解当地动静；而学生多为四川本地人，口音相似，亲和力强，便于接近当地住户，访贫问苦，了解敌情。

参与新繁县征粮剿匪工作的川大学生在与人民群众的交流中，探得当地臭名昭著的大土匪胡开智的一些基本情况，随后又帮助县政府获得胡开智的动态。其后，新繁县警卫营配合龙桥乡驻军，提前在胡匪窝窟附近隐伏，于半夜发起袭击，成功剿匪。胡被击毙后，农民们还特意用绳子捆绑胡开智的尸体，将其抬在公路上示众，人们看了都拍手称快。① 在这次剿匪过程中，川大学子凭借方言口音和学生身份取得当地群众的信任，从而打探出关键情报，制定出有针对性的计划，一举铲除匪窝，为剿匪工作的顺利开展立下汗马功劳。

其三，上传下达。新中国成立初期，通讯不便，而准确汇报实际情况是川西区党委掌握全局做出正确决策的重要前提之一，所以及时下达上级命令也是保证征粮剿匪顺利开展的关键。学生不仅对人民群众进行宣传教育，还凭借知识分子身份担负着向上级汇报实际情况、向下级传达上级指令这种任务。例如沐川县城高笋乡的恶霸匪首尹乐尧、胡安品等图谋暴乱的野心已日见端倪，县城气氛日趋紧张。这时，沐川县委书记杨波凌同志到高笋乡后发现了这个问题。杨波凌同志立即对留在部队的川大学生曾廷钦说，这里的情况可能有异常变化，要提高警惕，随时注意事态的发展变化，并要与上级及时联系。曾廷钦立即给所在工作队队长高静培传达了县委的指示。他们工作队认真地对当时的紧急情况进行了冷静的分析研究，决定一方面在日益严重的形势面前要保持清醒的头脑，对敌人要提高警惕，但不能惊慌失措；同时继续做好发动群众、团结群众的工作，争取征粮工作能够顺利开展。这一工作并不轻松，有的学生甚至因此光荣牺牲。

---

① 熊敬笃：《回忆解放初在龙桥工作的日日夜夜》，载中国人民政治协商会议四川省新都县委员会文史资料委员会：《新都文史（第15辑）》，1999年，第177页。

例如在仁寿县，由于该县征粮建政任务十分艰巨，川大外语系学生王景标被任命为府河乡征粮建政工作队副队长，参加了支援前线、清匪反霸和保卫新生人民政权的斗争。工作队队长石安模奉命到县上开会时，王景标勇敢地挑起了领导全乡的重担，他随即向上级汇报工作情况及该乡土匪活动情况。1950年2月19日，他到籍田区公所汇报工作，并于次日凌晨返回府河乡。路经黄龙溪时，当地群众对他说："王队长，你不能回府河乡去了，土匪已经暴动了，回去危险！"王景标想到上级指示要及时传达贯彻，工作队和武装队需要他指挥领导，全乡人民的生命财产正在遭受匪徒的践踏，他不能为了个人的安危而影响工作，因此他坚持要回去。当他走到离府河乡半里路远的贾家巷时，突然被隐藏在那里的匪徒杀害。①

其四，参与剿匪。川大与华大的学生的在征粮工作中虽然主要以宣传工作为主，但是他们当中的不少人也勇敢地拿起武器协助军队完成剿匪工作。比如有次熊敬笃等学生在龙桥乡吃饭的时候，听见枪声，立即放下饭碗，端起步枪，从侧面协助剿匪部队包抄土匪。②华大的王开疆同学与征粮工作组凭借手中少量的弹药与土匪奋力作战，最后在马墩子与埋伏的土匪遭遇，壮烈牺牲。③而有位川大历史系学生在邛崃被解放后先后被任命为邛崃县五区及八区的区长，他的首要任务就是征粮剿匪。土匪猖獗，匪首曾猖狂叫嚣，要共产党拿一百石米换这名学生的脑壳。这名学生毫不畏惧，与匪徒决战于高山密林之中，胜利完成了清匪、反霸、减租、退押四大任务和土地改革工作。其间，在平乐坝的公判大会上，他还担任审判长公开处决了土匪。④

---

① 党跃武：《川大记忆：校史文献选辑（第4辑）》，四川大学出版社，2011年，第341页。
② 熊敬笃：《回忆解放初在龙桥工作的日日夜夜》，载中国人民政治协商会议四川省新都县委员会文史资料委员会：《新都文史（第15辑）》，1999年，第177页。
③ 广安市志编纂委员会：《广安市志：1993—2005（下）》，中央文献出版社，2012年，第1646页。
④ 廖梓庚，王世康：《回忆江泽民同志》，载邛崃市政协文史资料研究委员会：《邛崃文史资料（第21辑）》，2007年，第142页。

（三）收尾工作：协助举办乡保人员训练班

川西军区部队在镇压了1950年2月5日的龙潭寺乡、石板滩乡暴乱以后，自2月26日起全面开展剿匪斗争，先后在吴家场（郫县灌县以西）、新场（郫县灌县西北）、杨功镇（双流新津间）、柑梓镇（温江双流间）、斑竹园（新繁成都间）等地进行围剿工作。1950年4月底，成都军管会从郫县、彭县、新都县和新繁县调集解放军，围歼川西区土匪，击毙20余名土匪骨干，活捉匪徒400余人，从此该区大的股匪基本被消灭。在各地暴乱基本上被平息后，尽管土匪的威胁已大大减少，但是据各地征粮工作队反映，群众仍然对中国共产党的政策方针顾虑重重，比如有的农民反映道："过去骑在我们头上作威作福的乡长、保长，仍然原封未动，以后你们一走，我们又要吃亏。"[①] 由此可见，许多旧社会遗留的乡长、保长仍然是新中国成立初期建设的一大阻碍，他们有的人品行恶劣，腐朽堕落，仗势欺人，存在极大可能性向匪特队伍倒戈，阻碍征粮工作进程。为了巩固革命成果，川西各地开始举办乡保人员训练班，该训练班就是将大多数旧政府的正副乡镇长、正副保长等集中起来，进行改造训练。[②] 下文以新繁县的乡保人员训练班为例，重现川大学子如何协助当地政府举办乡保人员训练班，从而完成征粮剿匪任务的收尾工作。

1950年5月上旬，新繁县新来的军事代表石洪和县长曹云生召开一个小会，参加会议的有南下干部李栋、川大法律系的鲁新达、向泽渊、熊敬笃和历史系的龚一清。石代表强调，为解除群众顾虑，要将全县掌权却民愤大的正、副乡保长集中起来，进行改造训练。"新繁县人民政府乡保人员训练班"的主任为李栋，副主任鲁新达，其他参会的川大学生均为工作人员。曹县长指示道："训练班学习内容，你们研究一下，既要达到团结、

[①] 熊敬笃：《回忆解放初期新繁县办乡保人员训练班》，载中国人民政治协商会议四川省新都县委员会文史资料委员会：《新都文史（第16辑）》，2000年，第42页。
[②] 四川省双流县志编纂委员会：《双流县志》，四川人民出版社，1992年，第638页。

改造，又要适当和必要的进行斗争。"①根据此次会议指示，鲁新达等随即筹备乡保人员训练班，该班学习的主要内容是形势报告、中国革命和中国共产党、群众路线、人民民主专政以及批评与自我批评、小结和小组讨论等5个单元。其中，南下干部李栋掌管全面工作，川大的几位学生则负责讲课，掌握乡保人员的思想动态并写好讲课提纲，拟好讨论题目，其中鲁新达还分管组织和思想工作。②

5月起，新繁县连续举办了三期乡保人员训练班，时间各40天。前两期训练班中，川大学子通过多种形式，对200多名旧乡镇长、保长等进行启发教育。比如，学生们用革命的历史事实，使旧乡保人员逐步地认清了国民党的腐败和共产党的英明伟大，从而消除了他们的顾虑，交代了自己知道的各种问题。在批评与自我批评及小组评议阶段，学员们纷纷立功补过，有的甚至还主动交出了枪支弹药。同时在紧张的学习阶段，鲁新达等人还适当地开展了一些文体活动，教旧乡保人员唱诸如《没有共产党就没有新中国》之类的"新"歌，还带领旧乡保人员早上集体跑步以活跃生活，这些方法有张有弛，有效地缓解了部分人员的敌对情绪，从而帮助乡保人员顺利结业。③针对当时国民党的残余军队和封建势力在各地潜藏得很深，严重影响社会治安的实际，8月底，新繁县开办了第三期训练班，专门集训了县内反动党团军警宪特和封建会道门的中上层人物50余人。④尽管学员们基本上没有发生缺席、生病、私逃及其他事故，也未出现吸毒、酗酒和赌博情况，但是川大的学生一直处于紧张状态，保持高度警

---

① 熊敬笃：《回忆解放初期新繁县办乡保人员训练班》，载中国人民政治协商会议四川省新都县委员会文史资料委员会：《新都文史（第16辑）》，2000年，第41—43页。
② 熊敬笃：《回忆解放初期新繁县办乡保人员训练班》，载中国人民政治协商会议四川省新都县委员会文史资料委员会：《新都文史（第16辑）》，2000年，第43—44页。
③ 熊敬笃：《回忆解放初期新繁县办乡保人员训练班》，中国人民政治协商会议四川省新都县委员会文史资料委员会：《新都文史（第16辑）》，2000年，第46页。
④ 熊敬笃等：《记1950年春到新繁工作的大学生》，载中国人民政治协商会议四川省新都县委员会文史资料委员会：《新都文史（第16辑）》，2000年，第35页。

惕。虽然这些人员和他们一起学习、吃饭，但是学生们都知道这是和虎狼游戏，丝毫不能麻痹大意，所以他们佩带的手枪随时都有子弹上膛。[①] 经过大家呕心沥血的工作，乡保人员训练班得以圆满结束，这显著提高了旧乡保人员的思想觉悟，端正了他们的政治立场，促进征粮剿匪工作的彻底完成，同时也瓦解了旧乡保势力，建立了真正代表人民利益的农民协会和分会组织，为接下来农村开展群众运动奠定了基础。

总而言之，川大与华大的学生听从川西区党委的安排，奔赴川西各县、乡，协助南下干部和中共军队完成征粮剿匪的工作。这些学生中的部分人在此之前并没有革命工作经验，而且人生地不熟，对当地匪特和粮食情况也不甚了解，因此他们被派到各县、乡之后，第一件事情就是接受政治形势教育和军事训练，以便更快更安全地接手当地的征粮剿匪工作。其中，学生们在实践工作中主要承担着征粮重任，他们充分发挥自己作为知识分子的优势，大力宣传中国共产党的政策和方针，做好行政工作，完成上传实情下达指令的工作。他们借助自身学生身份和通晓四川方言的优势，与当地群众建立密切联系，不仅有利于征粮剿匪政策的宣传动员，还能帮助人民军队打探珍贵的匪特情报。除此之外，很多川大与华大学子也冒着生命危险拿起武器，参加剿匪作战。在剿匪工作取得突破性进展后，为了更快完成征粮指标以及进一步加强农村建设，川大与华大的学子们在当地政府的支持和指导下，协助南下干部成功举办乡保人员训练班。乡保人员训练班的成功举办，不仅有效地传达了中国共产党的方针和政策，还促进旧社会遗留的"旧"人向新民主主义国家建设所需要的"新"人转变。

---

① 熊敬笃：《回忆解放初期新繁县办乡保人员训练班》，载中国人民政治协商会议四川省新都县委员会文史资料委员会：《新都文史（第16辑）》，2000年，第47—48页。

川大与华大在征粮剿匪运动中的贡献与意义

新中国成立初期，面对土匪暴动以致征粮吃紧的形势，在川西区党委的号召下，川大与华大的青年学生经多方动员，踊跃参加征粮剿匪等事关新中国建设的革命活动。在各级剿匪委员会的一元化领导下，四川地区贯彻军事打击、政治瓦解和发动群众相结合的方针，数月之内剿匪斗争取得重大战果，腹心地区匪患平息。[①] 而剿匪斗争的胜利也有力地推动了征粮工作的进行，到1950年8月，西南区一举完成了中央下达的1949年度公粮征收任务。[②] 川大与华大的学生为此次浩浩荡荡的征粮剿匪大工程的圆满完成作出了不可磨灭的贡献，他们在革命实践的锻炼中逐渐成为合格的共产主义接班人，部分人甚至为新中国建设献出自己宝贵的生命。他们无愧为忧国忧民心怀革命，不畏艰难险阻勇赴一线的中华好儿女，他们在征粮剿匪任务中所体现的川大精神，仍然值得今天每一位川大人铭记和怀念。

一、川大与华大人在征粮剿匪中的贡献

在这场轰轰烈烈的革命运动中，参与征粮剿匪工作的每一位川大与华大学子都尽自己所能地为新中国成立初期的建设作贡献。或许单个人的贡献仅能称为绵薄之力，但所有参加征粮剿匪等革命活动的川大与华大学子的力量汇聚在一起成为汪洋大海，从而促进征粮剿匪等社会性活动势如破

[①] 蔚文：《解放初期的剿匪斗争》，载中共山西省委党史办公室：《1949：山西南下干部实录（下）》，山西人民出版社，2012年，第965页。

[②] 唐涛：《清除匪特》，远方出版社，2005年，第87页。

竹，取得了最终的胜利。

第一，推动征粮剿匪运动的顺利完成。四川地区由于地理和历史原因，一直是全国"匪乱"最严重的地区之一。新中国成立初期，随着征粮政策的推行，西南区各地农村及偏远地区都发生了规模不等的土匪武装暴动，这些匪特分子攻打基层政府，虐杀征粮工作人员，导致迫在眉睫的征粮工作一度难以开展。而粮食问题，又是新生人民政权的命脉所系，事关国家安危，必须高度重视。在这样的背景下，川大与华大的学生们在川西区党委的号召动员下，义无反顾，奔赴征粮剿匪工作一线，他们及时弥补了征粮工作队伍的空缺，显著提高了征粮效率。在具体的实践工作中，川大与华大学子也做出了卓越贡献。他们在街头奔走相告，张贴分发各式宣传海报与手册，耐心地为人民群众讲解征粮政策的内容及其意义，动员群众自发交粮；他们和群众打成一片，获得关键情报，并拿起武器勇敢地加入剿匪队伍，促进剿匪工作顺利完成，稳定川西农村地区秩序稳定；他们还发挥知识分子的作用，参与教育培训旧乡保人员，协助举办"乡保人员训练班"，改造旧社会遗留下来的不良作风，努力根除封建地主、富农等阶级任何"转匪""通匪"的可能性。1950年夏，川西地区征粮剿匪工作取得重大成果，长期嚣张跋扈的匪特分子走向历史的尽头，征粮工作全部按照计划走上正轨，这种突破性的进展除了与西南局和川西区党委的正确指导和南下干部兢兢业业的工作作风有关，还与川大和华大学子在实践中所发挥的关键作用有着必然联系。

第二，推动了中国共产党的方针政策在川西农村地区的传播。西南区解放时间较晚，长期处于国民党的统治当中，中国共产党的方针政策传播受限。尤其是农村及偏远山区的大部分群众并未深刻意识到如今的人民政府与曾经的国民党政府的差别，往往对人民政府的征粮等政策存在疑虑及排斥的心理。川大与华大学子在征粮剿匪的工作中，并不是仅仅宣传征粮、剿匪等政策，还抓住一切机会宣传中国共产党的基本知识，让民众真正意识到人民政府的"新"，意识到人民政权是全心全意为人民服务的，意识到现在已经是人民当家作主的新中国,从而使人民群众真心实意地愿意团结在党组织左右,一起参与新中国的建设。例如川大学子曾廷钦被分配到沐川县城四区征粮工作队时,经常和队长高静培一起到高笋乡做群众工作,他们深入乡村宣传《共同纲领》和《约法八章》,使该区在和平解放后,保持了平稳的局面。[①]

川大与华大学子不仅仅是站在安全的地方给人民群众宣讲党的知识,还在危难关头抓住一切机会向包括土匪在内的所有人宣传政治形势和理论知识。比如川大农艺系的杨家寿在邛崃被捕之后,仍大义凛然地对土匪讲形势、讲政策,斥责土匪是"一撮小毛虫,翻不起大浪",他要土匪们"考虑后果,只有缴械投降,立功赎罪,才有出路"。他是在斥责土匪时被杀害的,但是他慷慨激昂的话语震撼了所有人。同学们曾这样缅怀他:"临刑犹赞主义真,宣传马列传火种。"[②] 由此可见,川大学子深入基层做群众工作,不仅帮助新生人民政权顺利实现了征粮目标,还帮助党在农村基层建立起高度权威。

第三,推动农村其他社会革命的开展。川大与华大的学子在南下干部和一些老同志的带领下,紧密团结,夜以继日,在辖区内进行巡逻守护,清剿叛匪,收缴公粮。除此之外,他们还按照上级指示,举办"乡保人员训练班",教育改造旧乡保人员,并帮助各乡筹建基层农协会,取代过去国民党乡保政权职能。受压迫的群众挺起了腰杆,农民开始当家作主。在暴乱平息后,公粮征收任务即将完成之时,大部分学生选择留下来继续参加革命战斗,推动农村其他社会革命的开展。以新繁县为例。1950年10月至1951年9月,新繁县召开了好几届研讨并决议全县重大政治、经济问题的各界人民代表大会后,川大学子在具体工作中与其他同志密切协作配合,认真贯彻各级会议精神,有力地推动各项工作的开展。第二届代表大

---

① 党跃武:《川大记忆:校史文献选辑(第4辑)》,四川大学出版社,2011年,第335页。
② 党跃武:《川大记忆:校史文献选辑(第4辑)》,四川大学出版社,2011年,第330页。

会一结束，他们便领导各乡深入开展"清匪、反霸、减租、退押"四大运动和镇压反革命运动，以及查禁烟毒的群众运动，这进一步清除了农村不安的"隐患"，稳定了社会秩序。按照1951年5月新繁县第三届代表大会的部署，川大学子和其他工作人员在龙桥、万安乡土地改革试点的基础上，迅即在全县各乡掀起土地改革。在大家的努力下，1952年，新繁县顺利完成土地改革，各乡村人民政权成功建立。①

二、川大与华大人在征粮剿匪中的成长

征粮剿匪是一堂生动的思想政治理论课。川大和华大学子在这场运动中提高了思想觉悟，端正了政治立场，锻炼了实践工作的能力。不幸牺牲的革命烈士成为后人的精神明灯，照亮革命前方的道路，他们是川大应当永久铭记的历史英雄，也是全体中国人民的英雄。而幸存下来的川大学子并没有停下奋斗的步伐，在征粮剿匪的实践教育中一步一步成长为社会主义建设起中流砥柱作用的党员干部。

第一，提高思想觉悟水平，实现自我改造。由于长期的战争，民生凋敝，百姓颠沛流离，多地学校无法正常开课，自然也无法形成系统的教育体系。成都解放较晚，学校教育深受封建阶级和资产阶级落后腐朽思想的影响。除此之外，川大和华大的学生多出身优渥，娇生惯养，长期处于象牙塔的封闭保护下，有不少人仍旧沉溺于资产阶级社会营造的浮华美梦里，一时之间难以跟上工农政权下的新中国建设。因此，新中国成立后，大学生们不仅要继续学习科学文化知识，还必须接受思想改造，掌握先进的马克思主义理论，了解党基本的方针和政策，认清政治局势已发生了翻天覆地的变化，实现思想觉醒。在动员学生参加征粮剿匪的过程中，寒假青年学园和青训班对于学生的思想改造发挥了重要作用。川大与华大学子

---

① 熊敬笃，汪海澜，向仁杰：《记1950年春到新繁工作的大学生》，载中国人民政治协商会议四川省新都县委员会文史资料委员会：《新都文史（第16辑）》，2000年，第32页。

们在党委领导的讲话教育中，在真诚的小组讨论中，在批评与自我批评的检讨与反思中，在一次次热火朝天的集体劳动中，开始有意识地觉醒并自我改造。他们打破旧社会封建阶级和资产阶级营造的思想牢笼，学习并实践马克思主义理论，一改之前奢靡堕落的生活作风，抛弃以往事不关己高高挂起的冷漠态度，积极参与集体劳动，踊跃为新中国建设作贡献。

第二，坚持党的领导，端正政治立场。新中国成立初期，部分川大和华大的学生来自于富农、地主、资产阶级家庭，他们一度存在看不起劳动人民的错误思想，始终坚持自己的家庭利益（也是阶级利益），不满且抗拒部分党的政策，川大甚至曾有6个院系在特务操纵下酝酿发动请愿。[①]而在征粮剿匪的具体工作中，川大学子们的思想觉悟水平不断提高，进一步加强对党和国家政策的认识，自觉与广大工农群众站在一起。正如华大学生在川西人民代表会议上的献词所言，"在思想上更明确的具体的认识了我们的人民政府……对于大会所提出的以减租为中心结合着清匪、反霸、退押的光荣任务，我们表示衷心的拥护，并且用行动来支持这个任务的完成。虽然我们同学大部分的家庭都是地主，但是为了彻底实现这个广大农民所要求，同时又是天经地义的减租退押的农民翻身运动，我们决心光荣地做一个封建地主家庭的叛徒，老老实实地做一个劳动人民的儿女"。[②] 由此可见，新中国成立初期川大和华大的学生在参加征粮剿匪大工程中接受了大量的马克思主义理论和政治形势教育，他们服从党组织安排，被动员到川西各区，走出校园，和人民群众紧密联系在一起。在实践中，加深对中国共产党和新中国未来的认识，端正政治立场，自觉向党组织靠拢，从情感、理论、信仰上认同中国共产党的领导，愿意全心全意为人民服务。

第三，锻炼了实践工作能力，逐渐成为党和国家建设中的骨干。征粮

[①]《西南区四川省四川大学概况调查表及学生教职工人数》（1950年3月22日制），四川大学校档案馆藏：《全校概况（一）》，档案号：1950—1956—XZ—14。

[②]《华大全体同学献词》，《川西日报》，1950年9月12日，第1版。

剿匪之路充斥着阶级间的对抗和摩擦，部分地主、富农等旧社会遗留阶级伙同土匪疯狂虐杀征粮干部和中共党员，这也就意味着川大学子在具体的农村革命工作中极易遭遇不测。为了保证征粮进程顺利开展，同时也是为了保护青年学生的人身安全，川大学子往往会接受一定的军事训练和政治形势教育。同时川大学子们还积极深入群众，想尽办法宣传党的方针和政策；取得人民群众信任，竭尽所能刺探匪特情报以及当地真实的政治形势和经济状况；协助南下干部成功举办乡保人员训练班，进一步改造农村旧社会的"隐患"，等等。他们在具体的征粮剿匪工作中，锻炼了大量珍贵的实践工作能力，比如军事技能提升，宣传教育能力加强，行政组织水平提升等。征粮剿匪任务全面完成之后，大部分人仍坚持留在基层工作队战斗，政治思想水平不断提高，实践工作能力持续加强，迅速成为党和国家建设中的骨干分子，比如曾经去彭县参加征粮剿匪工作的川大学生杨析综，在经过农村阶级斗争的锻炼后，通过自己的不懈努力，在几十年后成为河南省委书记，余洪良也成为温江农校的党委书记。[1] 在新繁县参加征粮剿匪工作的熊敬笃成为新繁中学校长和新都县档案馆馆长，和他同批次的向仁杰也成为新繁县政府秘书以及新都县水利局办公室主任。[2]

三、征粮剿匪中所彰显的川大人精神

川大是一所富有光荣革命传统的学校，自诞生之日起就在血与火的洗礼中涌现了一大批与时代和人民同呼吸、共命运的仁人志士，历来是"四川进步势力的大本营"和"西南一带传播革命种子的园地"。[3] 新中国成立初期，川大学子在中国共产党的领导下，为了新中国的事业，为了西南地

---

[1] 白培善：《我所知道的彭县军事代表贾睥》，载中国人民政治协商会议四川省彭县委员会文史资料委员会：《彭县文史资料选辑·纪念彭县解放四十周年专辑（第4辑）》，1989年，第147页。
[2] 熊敬笃，汪海澜，向仁杰：《记1950年春到新繁工作的大学生》，载中国人民政治协商会议四川省新都县委员会文史资料委员会：《新都文史（第16辑）》，2000年，第40页。
[3] 何盛明：《锦江怒涛：1944—1949》，四川大学出版社，2006年，第1页。

区的秩序稳定，参加了包括征粮剿匪在内的革命活动，他们所表现出的忧国忧民、吃苦耐劳、勤勉努力、大局意识、坚贞不屈等川大精神将永远激励和鼓舞着我们奋然前行。

首先是紧扣时代脉搏，以天下为己任的爱国情怀。在不同的历史时期，川大师生始终怀揣"天下兴亡，匹夫有责"的信念，为拯救中华，为民族生存，为祖国自由独立，而站在时代前列，把个人的命运与工农的命运、中华民族的解放紧紧连在一起，这种以天下为己任，走在社会发展和时代进步的最前沿的爱国情怀是川大最为宝贵的精神财富。正是这种经过数十年凝聚、无数次激发，最后被全校师生所认同的爱国主义精神是川大学子在新中国成立初期不畏艰难险阻，不怕流血牺牲，义无反顾，将自己的青春与热血融入党和国家建设洪流的源动力，也是川大学生在征粮剿匪运动中所彰显出最重要的革命精神。

其次是吃苦耐劳，勤勉努力的优良品德。川大和华大的学生很多出自资产阶级、小资产阶级、富农等家庭，从小养尊处优、锦衣玉食，并没有太多饥寒交迫的经历。但是新中国成立初期，百废待兴，国家正处于困难时期，除了要经历在剿匪战斗中的各种危险外，大家在农村的生活也是十分贫寒。据熊敬笃、汪海澜等人回忆："开始建组时，同学们穿的是旧式长袍、布鞋，每个人的背包内只有一床铺盖，几件换洗衣服等小东西和发的步枪及子弹，再没有其他物品了。""吃的也是低水平，按规定一个人每天供给的伙食费，包括粮菜油盐等共一斤半大米钱，由乡上安排饮食，集体食用。因标准较低，有时一连很多天吃不上肉，大家面容差不多是黄皮刮瘦的。"[①] 衣食住行虽然有诸多不便，但川大学子从未抱怨不满，一切以人民利益为出发点，与群众同甘共苦，始终以吃苦耐劳、勤勉努力的精神战斗在征粮剿匪运动的一线。比如川大外文系学生王景标常常通宵达旦工

---

① 熊敬笃，汪海澜，向仁杰：《记1950年春到新繁工作的大学生》，载中国人民政治协商会议四川省新都县委员会文史资料委员会编：《新都文史（第16辑）》，2000年，第33页。

作，表现出高度忘我的革命精神。①

第三是坚持中国共产党领导，服从党组织安排的大局意识。民主革命时期革命活动的实践充分证明，只有坚持中国共产党的领导，革命活动才能取得胜利。新中国成立初期，川大学子响应中国共产党的号召，义无反顾，投入农村征粮剿匪运动中。他们坚持党的领导，服从组织安排，有人被分配到秘书室写材料，有人去警卫营搞政工，有人去税务局负责税务工作，还有人被分到各乡镇征粮工作组里。尽管每个人到手的工作与最开始激情澎湃的革命理想有所不同，但是川大学子们都能秉持大局意识，一切服从党组织安排，兢兢业业做好手头工作。这种大局意识始终贯穿在川大学子社会实践的全过程，在征粮剿匪运动逐渐迎来尾声时，大部分学生并没有立即回学校，而是服从组织安排留在当地基层继续从事清匪、反霸、减租、退押、镇压反革命、查禁烟毒等革命活动。尽管当时工作人员少，任务繁重，但是川大与华大学子都能坚决服从分配，工作中无论上下班，还是分内外，只要有任务就争前恐后地抢着完成。他们也在实践的磨炼中，成为所在部门的骨干分子，少数人甚至承担起领导责任。比如，1950—1952年，8位川大同学先后被提拔到新繁县党政机关的部局科级单位负责或到县属中学任校长②。他们始终坚持中国共产党的领导，服从组织安排，继续在各自的岗位上为新中国建设事业努力奋斗。

最后是坚贞不屈、勇于为共产主义献身的革命气节。今天的社会主义新中国来之不易，是无数的仁人志士上下求索，革命先烈们用青春和鲜血铸就的。征粮势必破坏封建地主阶级、资产阶级的利益，也成为国民党遗留的匪特分子激烈反抗工农政权的借口，这就意味着征粮剿匪之路除了物质条件的艰苦，还存在极大的生命危险。面对残暴的匪特分子，川大学子

---

① 党跃武、陈光复：《川大记忆：校史文献选辑（第4辑）》，四川大学出版社，2011年，第340页。

② 熊敬笃、汪海澜、向仁杰：《记1950年春到新繁工作的大学生》，载中国人民政治协商会议四川省新都县委员会文史资料委员会：《新都文史（第16辑）》，2000年，第36—37页。

从未畏惧退却，他们怀揣革命热情，迎难而上，坚守在革命斗争的一线。当他们不幸落入敌人手中时，依旧高举共产主义大旗，坚贞不屈，把敌人的监狱当作革命的新战场。曾廷钦被捕时表现得十分英勇，毫无畏惧，沿路义正词严地怒斥匪徒，土匪恼羞成怒，将征粮工作队的两位同志杀害并丢进坑里，紧接着又对曾廷钦进行威胁利诱，妄图使其屈服。但是，曾廷钦面对屠刀亦无所畏惧，就义前他勇敢地对场内群众高呼"共产党领导人民解放了全中国，人民的江山稳如泰山"，"只有向人民缴械投降才是出路，血债要用血债来偿还"。在场群众无不被这种坚贞不屈，勇于为共产主义献身的革命精神所打动，有的人怒视土匪，也有人失声痛哭。[①] 生命诚可贵，革命价更高，川大学子坚定共产主义信念，百折不挠，哪怕不幸落入虎口，也始终做到了威武不能屈，富贵不能淫，不忘初心，牢记使命，时刻准备用青春和鲜血铺筑新中国的康庄大道。

结　语

新中国成立初期，财政形势十分严峻，由于军政开支浩大，入不敷出，货币发行量过大，财政赤字严重，引起物价飞涨，通货膨胀，投机资本猖獗，各大城市的粮食供应十分紧张，对农村粮食的需求与征发十分迫切。[②] 西南地区解放后，需要政府供应粮食达几十亿斤，然而库存粮食缺口较大，远不够四川省内半月的消费。尽管四川自身粮食情况已是捉襟见肘，但从大局出发，仍必须完成党中央提出的战略机动粮食任务，即1950年3月，中央人民政府政务院决定从川东、川南、川北三个行署区调出20万吨大米支援上海、华东等地，由川西区担负支援人民解放军进藏部队的

[①] 党跃武，陈光复：《川大记忆：校史文献选辑（第4辑）》，四川大学出版社，2011年，第335—336页。

[②] 《关于物价问题的报告》（1949年11月18日），载中共中央文献研究室：《陈云文集（第2卷）》，中央文献出版社，2005年，第25—29页。

粮草供应任务。① 因此征粮任务已经成为四川地区中心任务之一。随着征粮工作如火如荼地进行，四川各地土匪互相勾结，在人民政权初建之际，大肆造谣惑众，暴动抢粮，围攻征粮机构，杀害征粮干部和政府工作人员，将矛头直指各级新生的人民政权。各地匪患给人民政权和民众的生命财产安全造成严重威胁，同时也阻碍了征粮工作的进度。面对土匪的嚣张气焰和肆意破坏，人民政府的剿匪运动刻不容缓。

在这样危急的关头，全国学联鼓励在校学生担负起时代重任，积极参与新中国政权建设。与此同时，寒假青年学园和青训班也在集体生活的教育中改造学生们的思想，锻炼他们的实践技能，鼓励大家响应党和国家的号召，用实际行动解决旧社会遗留的问题，其中李井泉书记在川大所作的报告直接掀起川大学生纷纷走出校园下乡参加征粮剿匪运动的高潮。经过多方动员，川大和华大的学生多是被分配到了川西各县、乡。他们在党组织的指导下，与南下干部组成征粮工作队，共同从事革命活动。在征粮剿匪的具体工作中，川大学子不畏艰难险阻，听从党组织安排，全心全意为人民为革命服务，推动征粮剿匪工作的顺利完成，同时也把马克思主义理论与党的方针政策宣传到了农村基层，许多学生在征粮剿匪工作结束之后仍然选择留在基层，继续为新中国建设贡献自己的力量。他们也在具体工作中，提高了思想觉悟，实现了自我改造；端正了政治立场，始终团结在党组织周围，他们锻炼了实践工作能力，逐渐成长为党和国家建设所需要的骨干分子。然而，革命并非总是一帆风顺，其中还夹杂着无数的血与泪。谢光武、王开疆、曾廷钦、庹世裔、王景标、杨家寿、刘则先等川大学生就在新中国初期顽强不屈地和匪徒搏斗，为征粮剿匪革命事业献出自己宝贵的生命。尽管革命工作如此艰难，但在党组织的领导和南下干部的带动下，川大学子大多能做到正确对待，积极配合完成革命任务，他们的

---

① 中共四川省委党史研究室：《邓小平与四川》，四川人民出版社，2011年，第107—108页。

努力促使新生政权的巩固与川西地区社会秩序的稳定。这种忧国忧民、吃苦耐劳、服从组织安排、不怕牺牲的革命精神值得今天我们每一位川大学子铭记和学习。

四川大学是一所拥有光荣革命传统的高校，而川大学子历来也致力于成为引导和推动国家发展和社会进步的先进分子。"凡此星星火种，至'五四'运动，新民主主义革命开始，汇为革命洪流。"① 在中国共产党成立后不久，任教于国立成都高等师范学校（四川大学前身）的王右木于1921年11月建立四川社会主义青年团，这是四川地区第一个共产主义组织②，号召大批有志青年转变为无产阶级的革命战士，为四川党组织的建立奠定了基础。新民主主义革命以来，众多川大校友上下求索，为民族独立而坚定地站在革命斗争的前列，在西南沃土上用青春和热情浇灌共产主义，甚至监狱也成为新的战场，"二一六"、渣滓洞、十二桥，血铸丰碑，烈士光芒照四方。由此可见，新民主主义革命时期，四川大学的校史就是一部无产阶级革命斗争史，无数革命前辈用青春甚至是鲜血铸成川大的革命传统与精神，他们站在时代前列，秉承着"天下兴亡，匹夫有责"的信念，高举爱国主义旗帜，为维护国家和民族的利益进行不屈不挠的斗争。这种忧国忧民、无私奉献、勇担大任的革命精神，在新中国成立初期得到延续。同样，青春热血的川大学子前赴后继加入川西地区的征粮剿匪运动，其中大部分学生在生与死的考验中得到锻炼，增长见识，强化才干，也在革命中实现自我的重塑，成为祖国建设的栋梁之才。还有一些同学则为新中国建设事业献出年轻且宝贵的生命，成为校史里可歌可泣的光辉诗篇，受到后辈们的缅怀和敬仰。

川大历史的洪流里，培育出无数舍生取义、矢志不渝的英杰贤才。他们前赴后继，为争取民族独立、实现国家富强与人民幸福而英勇献身，他

---

① 四川大学校史编写组：《四川大学史稿》，四川大学出版社，1985年，第2页。
② 何承艰，王德树：《马克思主义人物辞典》，中国广播电视出版社，1989年，第34页。

们以鲜血浇灌理想，用生命捍卫信仰，构筑起一座座不朽的精神丰碑。无论再遥远、再光辉的未来，都不能忘记曾经的路，因此每一位川大学子都应当回顾和铭记新中国成立之初那段先辈们挥洒热血与青春参与新中国建设的历史，珍惜来之不易的幸福生活。虽然斗转星移，岁月沧桑，川大也已走过百年光阴，新时代党和国家交给青年人的历史使命自然与新中国成立初期不同，但是川大光荣的革命传统和英烈们伟大的革命精神，依然是激励川大学子海纳百川、薪火相传、努力奋斗的不竭动力，其精神共鸣和感召力始终历久弥新。每一位川大人自当学习、继承并发扬前辈们优秀的革命精神，树立崇高的理想信念，担负起党和人民赋予的历史重任，紧跟时代步伐，关注国家命运和社会的未来，自觉把爱国情、强国志、报国行融入建设社会主义现代化强国的伟大实践，为实现中华民族伟大复兴的中国梦而不懈努力奋斗。

下编 征粮剿匪运动中的川大英烈传略

·下编　征粮剿匪运动中的川大英烈传略·

四川大学是西南地区具有光荣革命精神的一所大学，师生们在党和政府的号召下，革命热情高涨。四川解放初期，有的同学积极地帮助军事管理委员会进行各方面的接管和建政工作，有的同学毅然地走向农村参与农运，协助完成征粮剿匪运动，甚至献出自己年轻的生命。由于特殊的时代条件，当时国内形势还不稳定，四川地区刚刚迎来解放，各方势力错综复杂，对纸质资料的运输与保存工作存在许多困难，很多珍贵的史料今天已经没有办法找到。现存于四川大学档案馆的资料只记录了六位在征粮剿匪运动中牺牲的青年学生，但无疑还有更多参与征粮剿匪运动，为了国家事业和人民幸福抛头颅洒热血的川大人。[①]他们用自己的鲜血染红了五星红旗，迎来了新中国的黎明。他们的生平事迹，他们为了国家和人民所做的贡献，让人敬佩。这些烈士校友砥砺奋斗和无私奉献的精神，值得今天每一名川大学子纪念和学习，也激励以后每一届川大学子要胸怀责任，勇于担当。

[①] 本编的编写及所载图片主要参考、引用了四川大学党跃武教授主编的《川大记忆：校史文献选辑·川大英烈（第4辑）》中的内容，特申谢忱。

杨家寿传略

杨家寿（1923—1950）

杨家寿，又名杨含，化名杨福林，四川省南川县（今重庆市南川区）人。他自幼沉稳、安静、勤奋，少时待人友善，偶有争执则先谦让，伙伴遭欺凌时，则为之打抱不平。在南川县道南小学毕业后，他考上了当地有名的重庆南开中学。

1945年秋，他考入国立四川大学农艺系畜牧组。此时，其父已去世4年，家庭经济困难，读书费用多靠哥哥供给。在学校，他常穿一件褪色的蓝布长衫，过着简朴生活。进入川大后，杨家寿立即被正在兴起的学生革命运动所吸引。他先后参加了进步学术团体"离离草社""黎明歌唱团"和"自然科学研究社"，成为这些进步社团的活跃分子。杨家寿富有正义感，爱读进步的书报杂志，关心时事政治，常在农学院中开展阅读革命书刊、团结进步同学、交流读书心得、议时事等活动，揭露当局的倒行逆施行径。

杨家寿 1944 年入学登记表

杨家寿学籍表

1948年3月，杨家寿被接受为共产党的外围革命组织"中国民主青年协会"成员，杨家寿参加"民协"后，革命积极性更高了，他做群众工作的才能得到了充分发挥。1948年8月20日，反动派在川大逮捕了一批革命同学。面对形势的发展，党组织决定改变斗争策略，由社团路线向系级路线转变，即由原先以进步学术团体活动为主，逐步转到以系级活动为主，并注意通过同乡会、同学会开展工作。从此，杨家寿的工作转入农艺系。在斗争中，他冷静沉着，仔细观察人、处理事、研究问题、阐述观点，他总能不动声色地指出事物关键，使人乐于同他接近。因此，他很快打开了工作局面。他组织"十人读书会"，阅读革命书刊，在年级中发挥了核心骨干的作用。1948年下学期开学不久，杨家寿和同年级中的五位"民协"同学一起，推选政治上可靠的同学担任年级理事长，理事则由在群众中有威信、热心于群众工作、能代表各种类型同学的人担任。通过理事会，杨家寿把同年级八十几个同学都团结起来。他善于根据青年特点进行工作。当时，毕业在即，同学都有依依惜别之情，杨家寿抓住时机，在半年之内组织了四次全年级大型活动，如运动会、郊游等。几乎每天晚饭后，在幽静的校园角落里，学生们扭秧歌、齐唱进步歌曲，形成了进步学生自己的"解放区"。在这些活动中，杨家寿默默地做了许多具体工作。开运动会，他争着背球；郊游活动，他给大家背衣物，关心、帮助体弱的同学，协助搞好同学们的食宿安排等。

1949年春，在川大党组织和"民协"干事会开展实为争温饱的"尊师运动"及罢免学生特务黄成章的签名活动中，杨家寿是领导人之一。1949年4月以后，国民党当局完全撕下了"和谈"的假面具，加紧对民主进步力量进行镇压，党组织遂号召党员到农村开展斗争，迎接解放。根据中共成都市委关于"储蓄力量，迎接解放"的指示，川大的党组织先后转移了许多进步同学下乡参加斗争。仅川西地区就有数十名党员、"民协"会员和"火星"社员前往。

1948年夏，杨家寿组织班级同学参观四川省农科所

1949年4月20日，川大又有一批进步学生被捕。党组织采取措施撤走了一批同志。杨家寿也在4月底毅然放弃即将举行的毕业考试，坚决服从党的决定离校下乡参加农运。临行时，他向年级理事长说："我有事要离开，不参加毕业考试了。我要团结更多同学，搞好级上工作，准备迎接解放。"他叮嘱年级理事长，有事要多找另几个进步同学商量。他什么东西都没拿，不露任何迹象，一个人悄悄奔赴新的战场。

杨家寿到川西农村后，被川康边党组织安排在邛崃县西北临济乡做农民工作。临济乡是1933年川西"抗捐"暴动的策源地，受党长期工作的影响，群众基础较好。经过党组织的工作，当年的党团员和烈士家属重新活跃起来。杨家寿来到这里后受到很好的革命传统教育。刚开始，杨家寿以喻岗保国民学校教师的公开身份为掩护，向学生宣传革命思想，教唱革命歌曲，深得学生和家长的爱戴。不久，根据工作需要，杨家寿被组织派到烈属喻中和家里充当雇工。他化名为杨福林，剃光头发，缠上白帕子，俨然一副当地人的模样。他学习下田栽秧、喂猪打杂，还常常访贫问苦，扎扎实实地做好启发群众、组织群众的工作。晚上开完会，他就钻进玉米壳堆里，盖上棕毡睡觉。由于他有丰富的群众工作经验，农运工作很快打开了局面。

当年6月，经上级党组织批准，杨家寿被吸收为正式党员。不久，他担任临济乡党小组小组长，后来党小组发展为党支部，他又任支部书记。他和支部的全体同志一起，用"土地会""穷人会""农民协会"等组织形式，把附近一些农民组织起来，并与大邑地区大规模的"二五"减租斗争相呼应，从当地情况出发，开展抗捐抗款斗争。1949年8月秋收时，地方反动势力抓丁勒索，杨家寿等以亲帮亲、邻帮邻的办法，发动群众进行抗丁斗争。大家见到抓壮丁的来了便互通情报。有人被抓，大家站出来抗争，不准把人抓走。

邛崃临济地区背靠大山，面对川康公路，是东联邛崃、大邑的重镇，也是西往名山、雅安的交通要冲。由于这里群众基础好，中共川西边临工委在将"川西南人民武装工作队"扩大为"川康边人民游击纵队"时，即决定以此作为游击队的重要区域。为此，上级党组织先后派同志来此地加强工作，建立中心工作组。杨家寿也是中心组的领导成员之一。4个月后，上级决定将临济与名山、邛崃接壤地区的群众武装组成"川康边人民游击纵队"下属的名雅邛支队。该支队下属3个大队，第三大队即名邛大队，由临济、龙安、道佐、平落几个乡的有作战能力的180名群众武装组成，杨家寿为大队副指导员。他和指导员孟薇等同志一起，一面整训队伍，一面为游击纵队队部率领的"大渡河支队"和"名雅邛支队"共1000多人过境时的三天食宿做准备。"名邛大队"宣告成立时，杨家寿带着队伍，扛着红旗，戴上五星臂章，高呼口号。欢庆解放的鞭炮声不绝于耳。

12月15日，他们与纵队部和支队在廖场会合，一同行军，当晚占领了邛崃平落区。16日早，他们占领了道佐场，在此停留两天，整顿队伍。晚上，游击队举行盛大的营火晚会，宣传队带领队员们唱革命歌曲，扭秧歌舞。18日，游击队按计划向与邛崃、大邑接壤的石坡乡进发，以会合坝上其他支队。当天，游击队即与国民党四川省保安八团、九团在马岩岭发生遭遇战。19日，游击队到水口乡又与恶霸丁友光一伙发生战斗。20日，游击队到石坡乡，立即同该处集结的崃山支队、临邛大队等一起阻击国民党21军军长王克俊率领的3、6两团和军直属队共4000余人。经激战一天后，王克俊部溃败被困，与游击队谈判。中国人民解放军于19日解放邛崃，敌军向解放军12军36师投降。杨家寿所在的名雅邛支队随纵队部到达大邑地区，游击队又与斜江支队会合。25日至27日，解放军在邛崃地区堵击胡宗南的李文兵团7个军，游击队出动2000余人配合行动。纵队部率领的名雅邛支队等4个大队在邛崃、大邑交界的童桥配合阻击敌方第一军和教导团，经过一整日激战，击溃胡宗南部溃军。战斗至年底胜利结束。

杨家寿带领的队伍在行军战斗中肩负重任。在游击队从邛崃山区下坝前，他们主要任后卫，在大队后面收容伤病员、处理粮钱等遗留问题。当时，队伍刚刚组成便整天整夜行军，战士十分疲惫，一路上又饥又渴。在马岩岭战斗后，有的战士竟拔群众的萝卜吃。杨家寿一面掏钱赔偿，向群众道歉，一面教育战士，同时就地购买一箩筐红苕，分发给战士充饥，鼓励他们跟上队伍。队伍抵达大邑王泗地区后，由于敌情复杂，杨家寿便带领大队在王泗、桑园公路上值勤戒备。他认真查哨，从不轻易离开驻所，表现出了高度的警惕性和责任感。

在马岩岭遭遇战中，杨家寿身先士卒，投入战斗；在水口一战，他举着几个手榴弹，带头参加突击队，攻打碉堡；在童桥战斗中，大股敌军炮击游击队，一时竹木横飞，杨家寿等率部英勇反击，表现了大无畏的精神。但在每次战斗结束评功时，他总是十分谦逊，推举别的同志受奖。

川康边人民游击纵队配合解放军共俘敌3000余人，缴获武器3000余件；游击队牺牲80余人。1950年元旦，解放军2野12军与游击队在邛崃桑园机场举行盛大的会师祝捷大会，杨家寿等也率队参加。12军副军长肖永良和政治部主任李开湘在会上讲话，给游击队发放奖品和慰问金，并表彰了战斗模范百余人。

1950年元旦前后，川西各县相继解放。杨家寿被任命为邛崃平落区副区长，带领原来的游击队组成区警队，开展征粮剿匪工作。他带领征粮工作队在临济、石头、下坝、孔明、卧龙等乡夜以继日地逐乡征集粮食，侦察匪情。当时生活极其艰苦，每天只有两顿盐巴拌饭。他白天四处奔波，晚上开会，眼里布满血丝，双脚长满冻疮，扶着手杖东奔西走。哪里有困难，他就往哪里去。邛崃西连大山，历来土匪特别多。此时，土匪与恶霸地主、袍哥势力勾结作乱，异常猖狂。他们仇恨杨家寿，悬赏二十石大米捉拿杨家寿。1950年1月16日，下坝的恶霸黄名高、骆孔贤等命人磨好刀子，打算当晚杀死杨家寿。幸得群众报信，杨家寿连夜紧急转移到5里以外的安全地方，才使敌人的阴谋落空。

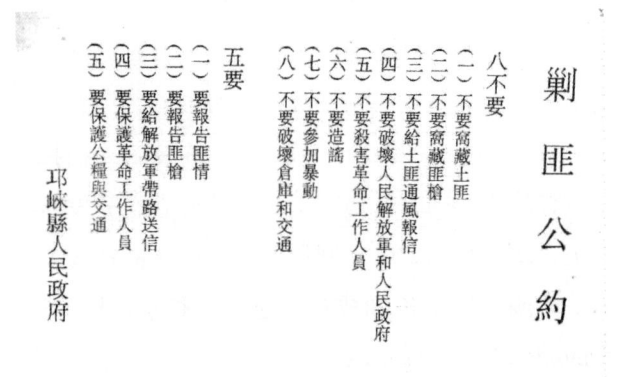

剿匪公约

八不要
（一）不要窝藏土匪
（二）不要窝藏匪枪
（三）不要给土匪通风报信
（四）不要破坏人民解放军和人民政府
（五）不要杀害革命工作人员
（六）不要造谣
（七）不要参加暴动
（八）不要破坏仓库和交通

五要
（一）要报告匪情
（二）要报告匪枪
（三）要给解放军带路送信
（四）要保护革命工作人员
（五）要保护公粮与交通

邛崃县人民政府

剿匪公约

杨家寿联系群众多，对土匪的动向了如指掌。从群众反映的情况中，他觉察到土匪活动猖獗，形势严峻，遂于1月17日赶到邛崃向县委汇报，要求派正规部队下乡剿匪。但当时县城刚解放，解放军兵力不多，对土匪暴乱估计又不足，无法派出大部队。杨家寿等只好于21日带队伍回平落区。出城后，他得知当地土匪即将暴动，于是带领队伍就地警戒住下，派人乔装去平落侦察。22日，土匪开始在全县发动暴乱，邛崃县城被围。杨家寿等率领的队伍被大通、卧龙、孔明和蒲江县的复兴等乡的几股土匪包围在邛崃南河乡土地坡一带；南河大桥也被土匪占领，去路全被截断。他带领几个人掩护队伍涉水过河，拟回城联系解放军。当时杨家寿双脚生冻疮，被扶往老百姓家隐藏。不料大股土匪包围上来搜查，杨家寿因外地口音被察觉抓去，当天就被土匪残杀在孔明乡金店子，年仅27岁。

邛崃被围一个月后，人民解放军18军53师、54师联合剿匪，很快平定了土匪叛乱。事后得知，杨家寿被土匪抓到后，大义凛然地说："我就是杨家寿，是共产党员，是平落区副区长。"同时，他向土匪讲形势，讲政策，斥责土匪是"一小撮小毛虫，翻不起大浪"。他要他们"考虑后果，只有缴械投降，立功赎罪，才有出路"。他是在斥责土匪时惨遭杀害的，表现极其英勇。1951年，人民政府在镇反运动中，镇压了杀害杨家寿的土匪，杨家寿也被追认为革命烈士。

曾廷钦传略

曾廷钦（1923—1950）

曾廷钦，乳名清容，别名曾纹，四川井研县人，1923年出生在一个破落的封建家庭中。20世纪30年代初，曾经留学西欧的李嵩高在井研县办了一所八泙公学。曾廷钦的哥哥曾廷藩在那里就读。受该校进步教员的思想影响，曾廷藩参加了革命活动，并在日记里记下了活动情况。后因躲避当局搜捕，曾廷藩被迫离开家乡。曾廷钦细读了哥哥留在家中的日记，深受感动，从中受到了革命的启蒙教育。

12岁那年，曾廷钦考入井研中学读初中。在那里，她受到了进步教师左泉等人的影响。不久，这几位教师被当局逮捕了，曾廷钦也因此受到牵连，被迫停学。次年秋天，她考进了乐山县女子中学。初中毕业后，她又考进了公费的江苏蚕桑学校。一年以后，在好友李树明的资助下，她考入了成都成公中学。这时物价不断上涨，曾廷钦和李树明的生活一度极为艰苦，但他们还是咬紧牙关继续读了下去，这也加深了曾廷钦对国民党反动派的憎恨。

1945年秋，曾廷钦考入了望江楼旁的国立四川大学农学院蚕桑系。她进校的时候，正是川大进步学生运动又开始活跃之时，这对于青少年时期就受进步思想熏陶的曾廷钦来说，无疑是人生的重大转折。

曾廷钦 1945 年入学登记表

曾廷钦平时沉默寡言，喜欢读书，尤其喜欢阅读文学书刊。通过与农学院进步女同学的接触，她逐渐加入到了革命学生运动的行列中来，并成为川大进步学术团体"川大文艺研究会"（简称"文研"）的会员。在"文研"中，她认真学习了毛泽东同志《在延安文艺座谈会上的讲话》等重要文章和李何林的《近二十年中国文艺思潮论》等进步文艺理论，阅读了鲁迅、郭沫若、巴金等人的文艺作品。她还向报刊投寄稿件，有时也在《半月文艺》壁报上写一些东西。同时，"文研"和其他进步学术团体，如"时事研究社""文学笔会""自然科学研究社""女声社""自由读书会""旭光学术社""离离草社"等一样，在川大党组织和"民协"的领导下，是进步学生运动的主要力量。曾廷钦在学生运动中，勇于实践，不断锻炼，提高自己的革命理论水平。

在1947年冬至1948年春开展的"助学运动"中，曾廷钦被编入以"文研"会员为主的助学队。从大年初一起，他们就到南郊武侯祠一带开展宣传讲演和义卖活动。此后的两个星期里，他们在城内进行义卖、义演和劝募，在少城"公馆区"深入街巷逐户宣传，义卖助学花、助学报、助学春联、助学贺年片等。曾廷钦的身体很瘦弱，但她并没有一丝懈怠，大家劝她休息，她坚决不要任何照顾，坚持和大家一起战斗，很好地完成了任务。

1948年震惊全国的"四九"血案，沉重地打击了蒋介石及其爪牙王陵基，动摇了蒋家王朝在四川的统治。国民党当局迫不及待地加紧了对进步学生运动的镇压，先是在报纸上公布所谓涉嫌参加共产党的名单，继而又实行大规模逮捕，设特刑庭无理审讯革命者。已经在斗争中发展壮大起来的进步力量在共产党的领导下，贯彻上级党组织关于"隐蔽精干，积聚力量，以待时机"的指示，将已暴露的共产党员和"民协"会员设法撤离到外地去工作，尚未暴露的同志则继续留校工作和斗争。曾廷钦尚未暴露，就继续留在学校工作和斗争。这时，她在学校参加学习世界语的活动中结识了纯朴的川大理学院化学系男同学伍权钧。伍权钧是川大进步学术团体"自然科学研究社"的成员，他们在接触中逐步建立了深厚的感情。

1949年夏天，川大党组织根据中共川康特委的指示，再次有计划地转移了一部分党员和"民协"会员到农村去发展群众、组织群众、迎接解放。此时已大学毕业的曾廷钦被组织派到沐川马边河据点去工作，以高笋乡小学教员的身份为掩护。不久，她就在那里与伍权钧结为革命伴侣。

曾廷钦 1948 年入学保证书

1949年9月,"民协"在沐川舟坝师范建立了干事会,曾廷钦是高笋地区的"民协"联系人。她踏踏实实地在教师和学生中进行革命的宣传教育工作,并在群众工作的实践和考验中提高了觉悟,被吸收为中共党员。

曾廷钦既有坚强的革命意志,又有严格的组织纪律性,她和伍权钧相互了解,经常一道学习,分析形势和情况,研究革命工作方法,虽然他们没有直接联系的组织关系,从不涉及各自组织方面的问题,彼此却能默契配合。

1949年10月,上级党组织指示,要在沐川马边河一带着手组织革命武装,以配合解放军主力部队截击国民党部队溃逃残部,并争取实现马边河地区的和平解放,保证地方安全,防止地方恶霸趁机作乱,防止国民党的散兵游勇溃散潜藏。根据组织的安排,曾廷钦于12月初来到党组织领导的革命武装——川西南军区机关所在地舟坝师范学校,被分配在政治部下的宣传部工作,积极参加革命武装的准备工作。不久,上级党组织又做出了如下安排：党组织及其领导下的革命武装人员大部分去30师（当时解放军30师已与舟坝革命武装力量会师），一部分转入地方工作。

根据组织的安排，曾廷钦随一部分转入地方工作的同志来到了沐川县城向县委报道。考虑到她身体羸弱，县委领导打算把她留在县城的机关工作，但她坚决要求到基层去。就这样，曾廷钦被分配到了四区征粮工作队和队长高静培一起到高笋乡参加群众工作。她深入乡村宣传《共同纲领》和《约法八章》，为该地区在和平解放后保持平稳的局面作出了贡献。

1950年春节过后，按照上级的指示，征粮工作亟待展开。而高笋乡的恶霸、匪首尹乐尧和胡安品等也在蠢蠢欲动，暴乱的图谋也已日见端倪，气氛日趋紧张。

1950年2月中旬的一天，征粮工作队在高笋小学召开征粮工作大会，恶霸、匪首尹乐尧和胡安品也来到会场。他们暗地里让匪徒把高笋小学周围和各个场口包围起来。就在这时，胡安品突然下令，把征粮工作队的几个同志捆绑起来，拖到外面早已挖好的土坑前面。这几位同志表现得非常英勇，毫不畏惧，沿途义正词严怒斥匪徒。恼羞成怒的匪首下令先把征粮工作队中的两个外地同志杀害了推进坑里。接着，匪首又对曾廷钦和高静培进行威逼利诱，妄图使曾廷钦他们屈服。然而，曾廷钦大义凛然，面对屠刀无所畏惧，大声向场内的群众说："共产党领导人民解放了全中国，人民的江山稳如泰山。"她还正告匪徒们："只有向人民缴械投降才是出路，血债要用血来偿还。"面对坚强的共产党员，匪徒技穷，终于下了毒手，将曾廷钦、高静培残暴地杀害在场口并推下深坑。在场群众无不痛哭失声。

曾廷钦牺牲时年仅27岁，她死得十分壮烈，被称为"川大的丁佑君""人民的好女儿"。沐川县烈士陵园，竖有她大义凛然的塑像，在她的家乡井研县，群众总会怀着崇敬的心情去纪念她。她的母校四川大学也将自己忠诚的女儿的名字镌刻在耸立在校园内的烈士纪念碑上。

庹世裔传略

庹世裔（1927—1950）

庹世裔出生在四川广安的代市镇农村，家中排行老三，弟弟们都称他为三哥。父亲庹万桢精明能干，在代市镇经营白纸生意，母亲阴氏勤劳善良，在家务农。庹世裔生活在一个和睦的家庭。在父母慈爱而严格的教育下他尊老爱幼，善良、热情、诚恳、正派。庹世裔在代市镇上过中心小学和初中，他学习刻苦，成绩优秀。那时晚上看书要点油灯，家里经济不宽裕，点灯是受限制的。庹世裔就抓紧时间白天学习。晚上他很快吃完晚饭，趁着家里要点灯收拾碗筷，便开始背书。弟弟总想去找他玩，却看见他不是在伏案写字就是端坐看书。庹世裔学习刻苦，成绩出类拔萃，几乎每学期期末考试都名列榜首。庹世裔学习时思想集中，勤于钻研，思路敏捷。他常常用铅笔在桌子上、在地上或在手上东画西画，皱着眉若有所思。不知者对此感到莫名其妙，其实他这是在算数学难题。一次上"范氏大代数"课，同学们都在做老师写在黑板上的题，庹世裔则用铅笔在课桌上写写画画。老师不解地问："庹世裔，为什么不做练习？"庹世裔回答说他在做题。老师半信半疑地说:"你做题?你到黑板上算算看!"老师另出几道题,庹世裔都做对了。老师笑着说:"庹世裔脑筋灵活,是个小天才。"

  庹世裔在家乡读完初中后以优异的成绩考入广安高中。不久,他又转到成都,就读于蜀华中学。中学毕业后,他于1945年秋考入国立四川大学经济系。大学时期,庹世裔对人热情、谦逊、诚恳、直爽。同学之间发生口角或争论问题时,他总是能把事情讲得透彻,令人折服。他不偏不倚,善解纠纷,同学们因此赞喻庹世裔为"公正人"。他不仅对同班同学友善,对低年级的同学也很关心。新同学入校,他满腔热情地向他们介绍学校生活的情况,帮助他们尽快适应新环境、新生活。他根据自己的体会,向新同学介绍大学的学习方法。对于学什么课、怎么学、如何做笔记,他都毫无保留地传授给新同学。加上他性格开朗,喜欢音乐,所以,各年级同学都愿意和他亲近。除刻苦学习专业知识之外,他还喜欢读小说,尤其爱看笔记小说。星期日或其他假日,他常与相好的同学进城逛书店。一见到书,庹世裔如获至宝。他常常是抱着一大捆书,诸如《清史演义》《儒林外史》《虞初新志》等,却没有半文钱买碗凉粉充饥,只好饿着肚子回学校。

大学时期的庹世裔

庹世裔生长在乡村小镇，自幼感受到农民的艰辛、小商人的惨淡和权贵的可恶。进入大学后，他接触事物多了，眼界更加宽阔，思想也日趋成熟。他同情弱者，憎恶反动派。他常对同学说："现在社会有许多不公平之事，老百姓更受冤屈、诬陷，要是我做了律师，一定要为那些受害者撑腰！"1948年至1949年，川大师生开展了"尊师运动""保障人权运动""四九运动"等，他积极参加，也积极宣传鼓动他人参加。

1949年秋，庹世裔从川大毕业，获得了经济学学士学位。他拿着毕业文凭回到广安代市镇老家。同年12月，广安解放了，他朝思暮想的共产党领导的新社会来到了。他欣喜若狂，急切盼望着投入革命工作。当时，家里已给庹世裔介绍了对象，劝他结婚后再去工作。但他坚决不同意，于1949年12月30日毅然报名参加了中国人民解放军。在二野军政大学三分校四总队经短期培训后，他被编入中国人民解放军第12军征粮大队第21中队，奔赴合川县开展剿匪征粮工作。

庹世裔本科毕业论文《遗产税》

1950年的春节来临了。虽然生活仍然很苦，但是人们却是春风满面，精神焕发，欢天喜地庆祝家乡的解放，热热闹闹地欢庆广安解放后的第一个春节。家里的大人小孩都眼巴巴地盼着庹世裔回家过节。门响了,弟弟最先跳起来去接三哥,可进来的却不是庹世裔而是他的同学王清操。王清操泪流满面,告诉了大家一个令人痛心的消息:庹世裔遇难了!1950年2月15日,庹世裔所在的部队开赴合川县利泽区古楼乡剿匪征粮。那天清晨起来,王清操留下置办伙食,其他同志列队出发。当征粮队走到一个山沟里时,突然有几百名土匪从四面八方包围过来。敌人前堵后截,两边山上敌人的机枪开始疯狂扫射,庹世裔他们进退不得,突围已不可能。十几名剿匪征粮的英雄战士凭着几支步枪,同多于自己数十倍的敌人进行英勇悲壮的搏斗。庹世裔与另外两位战友掩护队伍撤退,终因寡不敌众,不幸被土匪抓去。残暴的敌人对英雄们施以酷刑,百般折磨,三天后把英雄们拉到隆兴乡一个叫半截沟的地方枪杀,然后将他们的尸体捆上大石头沉入水中。敌人沉尸灭迹,妄图逃脱人民的严惩。庹世裔的遗体和其他英雄们一样,多年来都未找到。但是,天网恢恢,疏而不漏,残暴的土匪逃不脱人民的严惩,庹世裔的遗骸也在16年后重见天日,于1966年5月入葬烈士陵园。巍巍钓鱼城,滔滔嘉陵江,永远铭刻着庹世裔的英名。书生铸就的军魂,活在人们的心中!

  为了表彰庹世裔等人的英勇行为,人民政府授予庹世裔革命烈士称号,中国人民解放军第12军为庹世裔记功一次。庹世裔牺牲时年仅23岁。他做的不是什么轰轰烈烈的大事,他的生命如此短暂。他在祖国的黎明洒尽了热血。他正派、诚实、热情、开朗的品质和他为革命英勇献身的精神永远活在后人的心中。

刘则先传略

刘则先（1908—1950）

刘则先，又名刘蜀平、刘述平，四川省富顺县城关人。1908年出生于没落的地主家庭，他性格爽朗倔强，勤奋好学，各科成绩名列前茅。在富顺中学肄业时，大革命的浪潮正席卷这个川南的小县城。1927年初，风华正茂的刘则先，积极参加反对帝国主义文化侵略和经济侵略的斗争。刘则先来到成都，转入储才中学念书。刘则先于1928年加入中国共产主义青年团。当年秋天，他考入国立四川大学外国文学院英语系学习，积极参加学校党团组织领导的进步学生运动。经过两年的斗争考验，1930年，他加入中国共产党。从此，他秉持着乐观战斗精神坚定地踏上了更为艰难曲折的人生之路。

经组织安排，刘则先于1930年冬进入江西瑞金县，不久又去上海法租界、北平和川陕边区从事党的工作。1936年，党组织送他赴延安学习，成为抗日军政大学第四期学员。1938年8月毕业后，他回到家乡工作。刘则先与同学杨华村一行经过汉中时，遭遇宪兵。他们连同从抗日军政大学（简称"抗大"）返川的邓泽、李智一起被强迫送到西安国民党办的战时干部训练团第四团，拘留在一个小院里。刘则先去时，那里已关有五六十人，大多是从抗大和陕北公学毕业回川工作或是准备前往延安学习的。为了争取早日回川，刘则先和其他党员同志建立了党小组，并设法与八路军西安办事处取得了联系。同时，他们要求每个党员都要团结群众，使党小组成为坚强的战斗核心。不久，党小组接到八路军办事处指示，说朱德总司令自洛阳回延安。在路过西安时，朱德总司令要求胡宗南不可羁押抗日青年，希望大家坚持斗争，争取早日释放。党小组将指示传达后，群情激昂，大家回川工作的信心更足了。10月上中旬，被拘于战时干部训练团第四团的共产党员和抗日青年先后得到释放，由八路军办事处安排到各自的岗位上。

1939年1月，中共川康特委选派刘则先为彭山、仁寿、华阳特区书记，在华阳县付家坝付氏宗族小学，以教书为掩护开展党的工作。他一到特区就抽时间深入籍田铺、煎茶溪、秦皇寺、苏码头、黄龙溪等地进行调查，对特区党组织的工作情况和农民的生活状况等都作了细致的了解。特区各地党组织纷纷举办农民夜校、业余剧团、板报墙报等，大力向群众宣传党的抗日主张。刘则先亲自到夜校上课。他身着一件蓝布长衫，朴实大方，和蔼可亲。他讲起话来通俗易懂，农民都喜欢听他讲课。一到逢场天，业余剧团在街头演出《三江好》《米》《打鬼子去》《放下你的鞭子》等抗日剧，吸引了许多群众。他开设的书店里摆有《新华日报》《大声周刊》《大众哲学》等书刊。在码头，订阅《新华日报》的就有30多户。短短的时间内，这里的抗日救亡运动便搞得有声有色。同时，他十分注意加强党的组织建设，培养积极分子，恢复和发展党员十余人，还选送王孟凡、夏逊、夏森、王梓楠、冯德枢等赴延安学习，为党输送了一批干部。

1939年8月，中共川康特委调派刘则先任汉源县委书记。他住在九襄镇后山曹家祠的一户农民家里。大约一个月后，国民党西康保训所九襄保安中队的人发现刘则先操着外地口音，保安处处长王靖宇随即派人前往搜查，在刘则先住处仅仅发现烧过的信纸灰迹和一张有姓无名的纸片。就这样，他们把刘则先关在保训所，由特务处处长杨家桢审问。刘则先称自己是成都的大学生，来亲戚家躲空袭的，纸片上的姓是记下来与朋友通信用的。但杨家桢认为那是一些共产党员，所以反复逼讯刘则先，并拿出纸笔要刘则先写出全名。刘则先愤然写下"我是共产党员"几个大字，掷给杨家桢说："要办我，只能明办，不能黑办。"杨家桢又继续追问领导人和同组织党员是谁，刘则先都回答："不晓得。"这时，国民党西康保安特别党部书记张练安企图插手，国民党西康省党部也派人到九襄，要保训所将刘则先移交给省党部审讯。中共川康特委知道刘则先被捕后，立即进行营救。中共川康特委书记罗世文以十八集团军驻成都代表的身份出面向刘文辉交涉，并通过一些上层人士做工作，要求释放刘则先。刘文辉只好电告保训所，驱逐刘则先出西康省。实际上，这就是变相释放。

刘则先回到成都，向中共川康特委副书记邹风平汇报了狱中情况，并对自己因警惕性不高给党的工作造成了损失，诚恳地做了自我批评。之后，刘则先被分配在成都做青年文化运动工作。这年的12月8日，刘则先与在斗争中结识的共产党员付德玉结为伴侣。1940年3月后，因局势变化，为了保存力量，党组织将在成都的党员大部分疏散到外地，留下少数人员采取单线联系。有一天，刘则先去长顺街一家书店与他的上级联系时，正遇上警察查封那家书店，他机警地躲开了。但从此他却失掉了和党的联系。夫妇俩如断线风筝，成天处于苦闷彷徨之中。一些同志又陆续遭到逮捕，成都无法立足了。1942年4月，他们只好回到富顺老家坚持斗争。

刘则先妻子付德玉

刘则先在家乡早就以"赤色分子"闻名，回乡不久就被特务盯上了。一天，县警察局派人来对付德玉说："警察局长请刘则先谈话。"付德玉推说丈夫不在家。这时在室内的刘则先一听，心知不妙，赶紧躲进了邻家。特务闯入内室，搜寻不着，只得作罢。过了几天，国民党县党部书记长刘家民，唆使与刘则先侄女同校教书的刘彦绪到付德玉家串门，探听虚实。刘彦绪窥见刘则先仍在家中，就告了密，当晚特务们把刘则先抓到警察局。刘则先能言善辩，弄得警察局长无计可施，只得放人了事。其后，刘则先就躲到荣县双石桥妹妹家。那时，刘则先的生活十分清苦。堂兄刘孝和介绍付德玉到县府会计室当小职员，但微薄的工资难以为继。孩子们营养不良，瘦得皮包骨头。他们的一个女儿长期瘫在床上，也无钱就医。敌人的追捕和艰难的岁月，没有动摇这对革命夫妻的信念。刘则先常常吟诵屈原的诗句"亦余心之所善兮，虽九死其犹未悔"以自励自勉。但是，夫妻二人经常为找不到党组织而焦急不安，刘则先有时不免大发脾气，后来也逐渐冷静了下来。他安慰妻子说："不能因为失掉党的联系就自暴自弃，共产党员在任何条件下都要为党工作。"一天，付德玉偷偷带回几张《新华日报》，刘则先欣喜若狂，一边读，一边流下了激动的眼泪。从此，他常常通过报刊消息分析形势，了解党的方针政策。他还利用在永善茶馆、西湖茶馆喝茶的机会，结识了一批进步青年，向他们讲屈原、高尔基和鲁迅的作品。他讲延安和苏联的情况，为这些进步青年后来走向革命道路打下了思想基础。1944年3月，冯玉祥到富顺搞献金救国活动。一些地方官吏趁机贪污，中饱私囊，刘则先和一些热血青年暗中进行调查，整理成材料送交冯玉祥。刘家民探知此事为刘则先等人所为，就说要为刘则先弄个职位。刘则先断然拒绝说："我饿死也不吃你那碗饭。"刘家民等人恼羞成怒，经常派人监视刘则先，欲置之死地而后快。刘则先只有再度隐蔽起来。富顺已无法待下去，刘则先多次去成都找党组织未果。1947年2月，付德玉和子女先搬到华阳付家坝的娘家住。11月，刘则先也来到这个曾经战斗过的地方。夫妻俩留在付家坝双泉寺小学任教。他们利用上课的机会，给学生讲革命故事，教唱进步歌曲。同时，他借这个岗位进行活动，很快就团结起一批进步群众。

1949年7月，曾与刘则先一起在汉源工作的前任特支书记陈树堂（即任治荣），受党组织的派遣来仁寿、华阳、彭山一带组建游击队。战友相逢，分外高兴。陈树堂向他传达了党的指示，要他发动群众，组建地下武装，迎接解放。由于刘则先有较好的群众基础，组织游击队的工作进行得比较顺利。8月6日，在付家坝双泉寺，川康边人民游击纵队第二支队第四大队正式成立，下设公兴、古佛、黄甲和永安四个队。游击队除收缴国民党散兵游勇的枪械和从土豪劣绅手里夺取枪支外，还策反地方武装起义。川西解放时，游击队配合解放军作战，在围歼胡宗南部的战斗中做了许多工作，游击队曾牵制敌军一个营的兵力，缴获了不少枪支弹药。

1950年1月，华阳县刚解放，刘则先立即与县委取得联系，向县委详细反映情况，提了许多好的建议。县委以游击队为基础力量，改编为华阳县公安大队，任命刘则先为永安乡乡长。刘则先上任后，立即进行复市、复工、复课的工作，建立了永安乡的社会治安新秩序。在大力开展征粮的工作中，他成绩斐然，仅一天多的时间即征粮百余石，为全县之最。这年的2月15日，正是传统的春节。双流县黄甲乡一带的土匪突然暴动，袭击公兴乡公所。中共川西区党委通知各县，大力防备土匪的大规模暴乱。中共华阳县委调刘则先带原游击队保卫县城。三天后，县委派他与刘章志到公兴、永安、黄龙一带了解暴乱土匪的潜在活动情况。20日，二人通知有关人员到永安召开治安会议。这时，永安邻近的顺河、佛洞的土匪开始暴乱，赶集的群众纷纷逃避，应该参会的人也未到齐。面对这种情况，刘章志要刘则先立即撤回县城，可他说："我是乡长，在危险的时候不能离开岗位。"刘章志走后，土匪打进场镇。刘则先镇定自若，派人渡过府河向县政府报告，然后自己才躲进了一家烟馆。匪众在"反共自救联合团"总部参谋付秉之等人的带领下，挨户搜查刘则先踪迹，气势汹汹地扬言："不交出共产党刘则先，要把全街的房子烧光。"同时，匪徒抄查了革命群众的家，把未来得及撤退的游击队员抓了起来，其中付建华被押到场口枪杀。22日，一个本地的二流子遛进烟馆，发现了刘则先，就溜去告了密。暴乱土匪蜂拥而至，将刘则先捆绑起来，直向府河边推。刘则先这位久经斗争考验的党的老战士，早已置生死于度外。他一边走一边高呼："中国共产党万岁！""中华人民共和国万岁！"最后，他们来到府河边的一个小塔旁，土匪问他还有什么话讲。他坚毅地说："为人民大众而死，死何足惜！"一枚罪恶的子弹，狠狠地射向永安乡人民的首任乡长。刘则先烈士和多年来血肉相依、苦乐与共的家乡人民永别了！

  江山日新，英雄长在，刘则先留给人民的，是永恒的怀念！

王景标传略

王景标（1919—1950）烈士，又名王慰锬，福建省福州市人。1945年，他不远千里，由国立中央大学转入国立四川大学外文系。他学习成绩优良，乐观开朗，对人热情，深受同学喜爱。外文系学生组织了英语学会练习口语，王景标是学会的积极分子。他在学会内结识"民协"干部唐思明，接受进步思想的影响，阅读了《大众哲学》《新民主主义论》《论联合政府》等书籍，因而倾向革命，渴望参加当时学校公开的进步社团。恰好外文系中有李大任、刘福贤、白大科、廖常珍等一大批"文学笔会"（简称"文笔"）成员。王景标表现积极，在1947年秋也参加了"文笔"。从此，他即在"文笔"统一组织下投身各种进步活动。他又找到唐思明，与其进行深入交谈，不久，唐即介绍他参加了党的外围组织"民协"。

"四九"运动后，党组织决定，学生运动的工作方式由公开的进步社团活动转为系级活动，强调从生活、服务、开展文体活动入手与广大同学交朋友。王景标在系上认真贯彻党组织的决定，在文体活动中十分活跃。他热心组织青城山之游；在全系排演的莎士比亚名剧《罗密欧与朱丽叶》中，王景标担任的神甫一角获得同学好评。在此期间，"文笔"一批会员如袁邦明、尹大成、何盛明等在党的支持和领导下，于1948年9月成立了党的另一个秘密外围组织"火星社"。"火星社"成立不久后，经袁邦民介绍，王景标成了"火星社"坚强的战士。这种同期参加党的两个秘密外围组织的情况，当时还是少有的。此后，他几乎是全身心投入革命活动，并想找到党的组织，加入中国共产党。此时，唐思明已入党。在1949年"四二〇"敌人大逮捕前后，唐思明是学校党组织与川西农村党组织之间的联系人，正忙着输送需要转移的革命学生到农村参加武装革命斗争。王景标找到唐思明谈了自己的愿望。1949年10月，经唐思明联系介绍，王景标和中文系的吴晗，外文系的王蕴华、王大林等同学来到川康边人民游击队，他随即被分配到仁简支队，去仁寿、简阳一带参加武装革命斗争。

仁简支队的仁寿大队是由仁寿籍田区一带的农民武装组成的，群众基础较好。王景标到后，支队领导人邹玉琳立刻和他见面。这个早在20世纪30年代入党、农民出身、具有府河老船工朴实亲切形象的共产党员，使王景标深受感动。邹玉琳详细介绍了农村工作的经验和注意事项，王景标牢记其中一段生动的谈话："学生下乡，要把脑壳剃光，装雏像雏，装鸭像鸭，也可不刷牙，牙齿白生生的，就不像农民了，皮肤也要晒黑点，说话更要本地化……也不要紧张，只要群众工作做好，自有群众掩护你。你们学校数学系下乡学生谢德民，是广东人，他在大邑那边搞'二五'减租就搞得好，敌人后来围剿，他最后撤退，有群众掩护，当个哑巴亲戚，还不是通过了检查站。"第二天，王景标就穿上草鞋，学说本地话，不久后就当上了大队的政治部干部。

根据分工，王景标负责在府河从苏码头到下游彭山半边街长约百里的地段进行宣传活动。按照纵队部根据解放军入川进军神速的形势提出的要求，他大力宣传革命形势，放手发动群众，作好配合解放军到来迎接解放的各种准备。仁简地区离成都近，纵队部留蓉工作部大量翻印的《中国人民解放军布告》（即通称的"约法八章"）、吴玉章《告四川同胞书》、刘邓首长《向西南地区国民党军政人员提出四项忠告》《川康边人民游击纵队宣言》等文件大量传送下乡，成为王景标开展政治工作、发动群众、团结朋友和瓦解敌人的有力武器。他以极大的热情，不分昼夜、不知疲劳地工作。他脚不停，嘴不闲，到处作内部传达，找渠道送宣传品，成为支队出色的宣传员。

1949年11月30日重庆解放，解放军迅即来到成都外围。仁简支队首先与解放军取得联系，2野11军军部驻仁寿煎茶乡郭家祠。邹玉琳、王景标等迎接解放军，派人带路，渡过岷江奔袭新津之敌。仁寿解放后，游击队奉命调400人进城维持秩序。当时，征粮任务十分紧急，军队和游击队合组的征粮工作队立即开展工作，王景标被任命为府河乡征粮建政工作队副队长，参加了支援前线、清匪反霸和保卫新生人民政权的斗争。

与此同时，征粮建政工作任务也十分艰巨。府河乡地处彭山、仁寿、华阳三县交界处，地形犬牙交错。加之刚刚解放，旧政权人员、地主武装依然存在，土匪恶霸横行，斗争极其复杂尖锐。但王景标勇敢上任，没有因环境恶劣而畏缩和胆怯。在工作中，他事事挺身而出，积极认真为党为人民工作，表现出一个革命者的胆识和气概。

1950年2月中旬，由于起义部队新12军在新津叛乱，潜伏在府河乡的土匪勾结叛军蠢蠢欲动，妄图向人民进攻武装，杀害征粮工作队队员和人民武装骨干。在此危急时刻，王景标积极果断，毫不畏惧，同队长一起沉着机智地指挥带领全体队员做好应战准备，为抵御土匪进攻赢得了时间。在此期间，王景标常常工作到深夜，有时甚至通宵达旦，表现出忘我的革命精神。

在叛乱匪徒活动猖獗的严峻形势下，征粮工作队队长石安模到县上开会，王景标勇敢挑起了领导全乡的重担。他随即向上级汇报工作情况及该乡土匪活动情况。1950年2月19日，他到籍田区公所汇报工作后于次日凌晨返回府河乡。路经黄龙溪时，当地群众对他说："王队长，你不能回府河乡去了，土匪已经暴动了，回去危险！"王景标想到上级指示要及时传达贯彻，武装队工作队员需要他指挥领导，全乡人民的生命财产正在遭受匪徒的践踏，他不能为了个人的安危而影响工作，因此他坚持连夜赶回。当他走到离府河乡半里路远的贾家巷时，突然被隐藏在那里的匪徒四面包围。在这千钧一发的时刻，王景标面对匪徒，半步不退，他高声宣传我党政策，命令匪徒放下武器，立即投降。但杀人成性的匪徒悍然向王景标开枪射击，王景标身上多处中弹，在呼喊"中国共产党万岁"的口号中壮烈牺牲。约一小时后，籍田区武装工作队配合解放军赶到，消灭了这股匪徒。王景标的遗体运回籍田镇安葬，后转葬仁寿城区北门水库烈士墓地。

王开疆传略

王开疆（1927—1950）

王开疆，四川广安人，出生于 1927 年。1946 年中学毕业后，王开疆考入华西协合大学先修班。抗战胜利后，蒋介石发动内战。在蒋管区内，反饥饿、反内战、反独裁的学生运动如火如荼。在人民革命斗争的大潮中，他毅然放弃了在学校的学业，决定与同班好友张泽石等人北上，参加解放区的人民军队，投身于解放全中国的战斗。北上后，他一时未能有机会前去解放区学习和工作。留在北平期间，经吴晗教授的介绍，他进入了学术自由、进步思想浓厚的朝阳学院经济系一年级学习。其间，他参加了"朝大剧社"的演出活动，将一批来自延安的新剧品引入剧社，以满腔的热情组织演出了许多进步节目，利用戏剧开展对敌斗争。经过考验，他光荣地加入中国共产党。

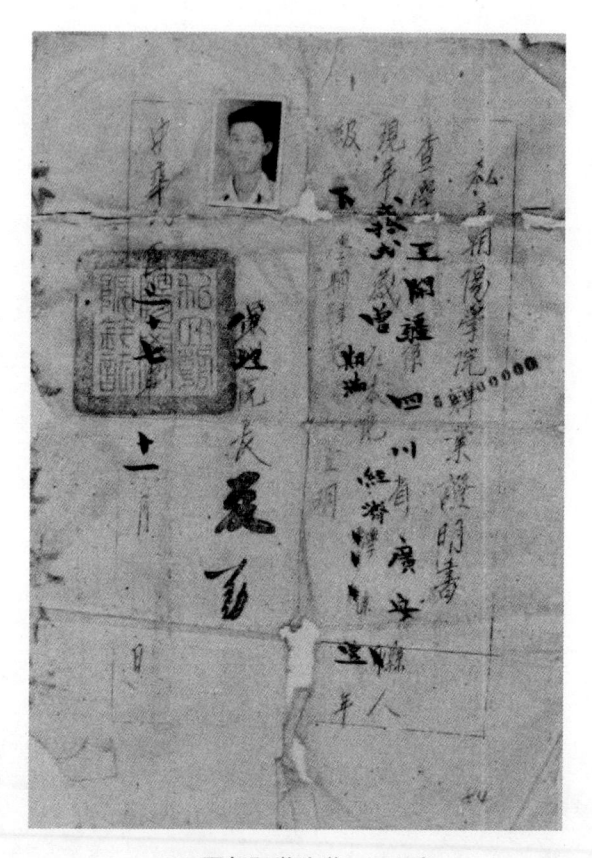

王开疆朝阳学院学习证明书

1947年,党组织将王开疆送到河北沧县中共中央华北局城市工作部学习。1948年,学习结束后,王开疆被派到成都,这时候的中共中央南方局遭到敌人的严重破坏,他一时无法联系上党组织,便先将学籍转到了华西协合大学。不久,他与"民协"接上了头,积极参加"民协"领导下的"牛津团契"。他常常利用课余时间,在工人夜校承担教学教务工作,在教工人识字的过程中积极宣传党的政策。

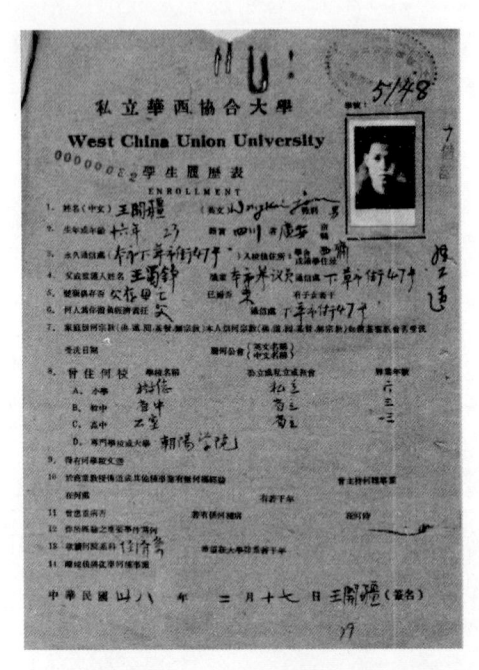

王开疆入学华西协合大学时的履历表

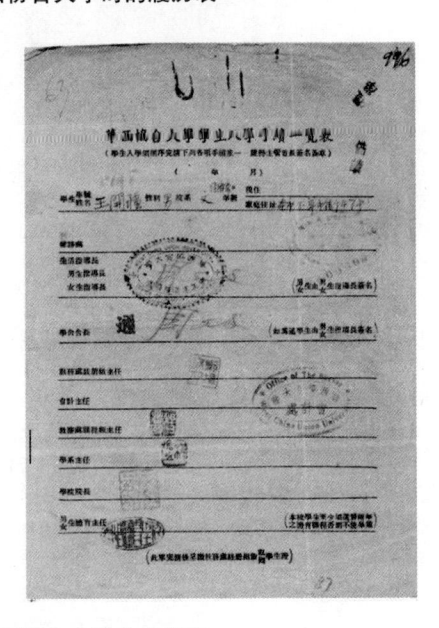

王开疆转入华西协合大学有关档案

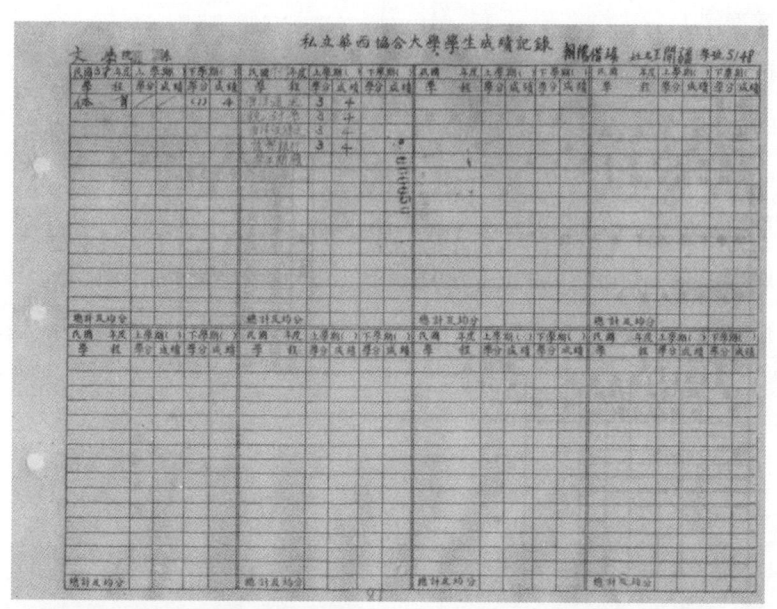

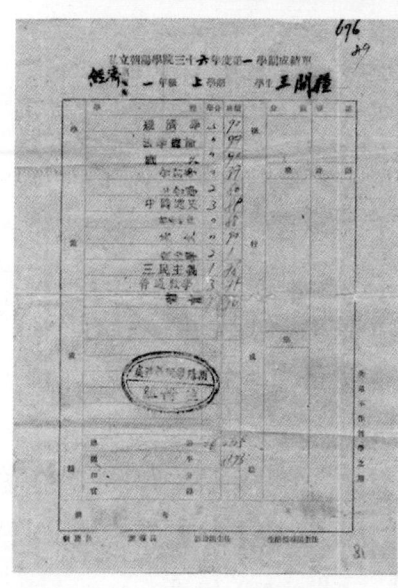

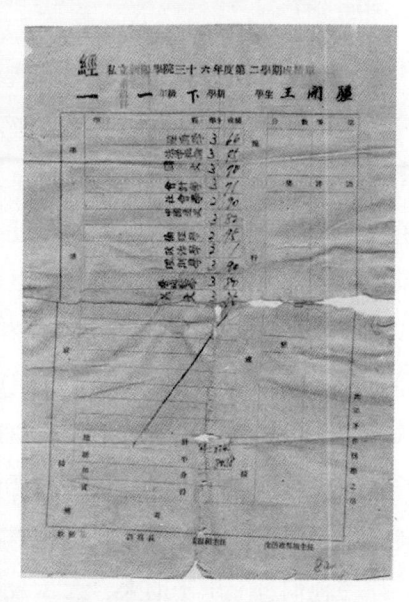

王开疆在华西协和大学的成绩单

1949年底，成都和平解放，为了巩固新生人民政权，王开疆参加了征

097

粮工作队，他被分配到土匪最集中、斗争形势极其严峻的大邑、邛崃交界的韩场工作。

1950年2月4日，川西爆发了大规模的匪特暴乱。敌人有组织地向各乡镇的征粮小分队发动袭击。韩场被绰号为"杀人魔王"的恶霸地主刘占魁的"反共救国军"层层包围，王开疆和几位解放军战士被困在一个靠山崖的草屋里。他们凭借手中仅有的弹药，奋力作战。土匪久攻不下，便用火枪点燃了草屋。王开疆等人被迫突围，后在马墩子又与埋伏的土匪遭遇。在敌人密集的枪弹中，王开疆等人全部壮烈牺牲。牺牲时王开疆年仅23岁。

结　语

从这六位在征粮剿匪运动中牺牲的川大英烈的生平事迹中可以看出，他们之中有的从小受过良好的教育考入川大，有的家境贫寒但仍然努力求学考入川大，虽然他们来自不同的地方，但是他们都来到川大这个氛围良好的校园。望江楼旁、华西坝上有过他们青春活力的声音，留下他们坚定向前的脚步。他们在川大校园里经历了自己人生的转折，不仅学习到了新知识，也找到了人生的信仰！川大校园里进步的力量鼓舞着他们，他们带着信仰和力量离开校园，投身于征粮剿匪运动，奔赴于各个需要他们的乡镇农村。他们从校园里背着书袋的知识分子转变为背起农具的劳动者，融入广大人民群众，和人民群众一起征粮、一起剿匪、一起抗争！我们要记住他们，记住那些为了集体利益而牺牲小我的川大英烈；我们要向他们学习，学习他们身上乐于助人、无私奉献、无畏强敌的精神。

附录一 往昔峥嵘： 解放前后四川大学的发展

解放前党组织在成都教育界的发展

1920年8月,中国第一个共产党组织——共产主义小组于上海建立;1921年7月,中国共产党正式诞生。这对当时马克思主义在四川成都的传播无疑是一个极大的鼓舞。部分留学生求学归来,开始在成都宣传马克思主义,并着手建立党团组织和进步社团。中国共产党在成都的发展经历了一个曲折而艰辛的过程,从20世纪20年代早期党团组织的成立,到之后被国民党摧毁因而转向地下,再到抗日战争时期组织发动成都学生、进步人士和各界人士开展抗日救亡运动,直到解放前夕努力配合前线战事为成都解放做出巨大努力和贡献。

一、四川大学与四川早期党团组织的建立

(一)四川早期党团组织的建立及其革命活动

1911年,四川爆发保路运动,随之武昌起义爆发,辛亥革命开始;1912年2月12日,清帝发布退位诏书。至此,中国数千年的封建帝制历史宣告终结。但之后"宋教仁案"发生,袁世凯随即就任临时大总统,临时政府也迁往北京,辛亥革命宣告失败。辛亥革命失败后,成都开始进入四川军阀的黑暗统治中。当时成都一批觉醒的知识分子和进步青年为探索救国救民真理、力图改变国家状况,开始留学海外,寻求救国救民的新道路。

在1912年,李石曾、吴玉章等就秉持"改良教育,首重教育""欲输世界文明于国内,必须留学西方各国"这一思路组织发起留法俭学会。随

后，全国范围内开始兴起留法勤工俭学运动；1918年起，吴玉章就在成都发起成立"华法教育会四川分会""留法勤工俭学会四川分会""四川华法留学会"等组织，并同张春涛、冯元勋等人发起开办了"成都留法勤工俭学预备学校"。留法勤工俭学运动在成都的兴起，吸引了成都大量进步青年知识分子远赴法国求学，其中就有后来回国为革命事业做出巨大贡献的无产阶级革命家陈毅。①

1919年五四运动后，随着马克思主义在成都的传播，一批接受新思想的青年开始在成都组织进步团体、创办进步刊物。1919年6月15日，北京少年中国学会发起人王光祈与李共产劼人在成都组织成立了"少年中国学会成都分会"，创办进步刊物《星期日》进一步宣传新思想、新文化，并转载了毛泽东《民众大联合》、李大钊《什么是新文学》等重要文章，产生了巨大影响。②

1922年初，国立成都高等师范学校（四川大学前身）教师王右木创办了"马克思读书会"，引导青年学生学习和宣传马克思主义。同年2月，王右木又组织创办了《人声报》，旨在宣传马克思主义思想，启发人们的阶级觉悟。③ 同时，在之前的马克思读书会的基础上，1922年4月，王右木领导的马克思读书会的骨干成员童庸生、钟善辅、郭祖、阳翰笙等人，根据《先驱》杂志刊登的《中国社会主义青年团临时章程》自发组织了"四川社会主义青年团"。④ 四川社会主义青年团表现出了当时青年学生尤为激昂的斗争反抗精神，更体现出了青年接触马克思主义后所表现出来的全新精神状态。这在四川社会主义青年团宣言中淋漓尽致地体现了出来：

解决川省人民压迫的机会到了！

---

① 中共四川省委党史研究室：《陈毅与四川》，四川人民出版社，2011年，第24—25页。
② 四川省地方志编纂委员会：《四川省志：大事纪述（中）》，四川科学技术出版社，1999年，第48页。
③ 绵阳市文化局：《绵阳市国统区革命文化史料》，内部编印，1992年，第23页。
④ 党跃武：《四川大学史话》，四川大学出版社，2017年，第134—135页。

由社会部分教育经费运动到社会总解决的运动。

……

请我们平民的同胞们、受压迫摧残的同胞们，快些听那平民压迫的反响，已经是如山崩海潮的音响波动起来了！①

1922年10月15日，王右木在上海经请示党中央、团中央后，在原四川社会主义青年团的基础上，在成都正式成立了"中国社会主义青年团成都地方执行委员会"，隶属团中央领导。1923年春天，团中央再次发函确认了中国社会主义青年团成都地方执行委员会的省级团委性质，而且是"中央的坚实基础"；并在之后到四川各地开展地方团组织筹备工作。到1924年，中国社会主义青年团成都地方执行委员会已经在学校内外建立了11个支部。②1925年12月，中国社会主义青年团成都地方执行委员会改为中国社会主义青年团成都特别支部；1926年3月改由团中央、中国社会主义青年团重庆地执委双重领导③。

1923年5月，王右木致信中共中央提议在四川建立党组织。8月，王右木前往南京，参加了中国社会主义青年团第二次全国代表大会。之后又到上海和广州接受中共中央在四川建党和推动国共合作的指示。10月回成都后，王右木将中国社会主义青年团员刘亚雄、钟善辅、黄钦、梁国龄（梁华）等人先后转为中共党员，并经过中共中央批准秘密成立了四川地区最早的党组织——中共成都独立小组（也称为成都支部），王右木任书记，直属党中央领导。④1924年初，成都团地委建立了10个团支部，有团员40余人，执行党中央与国民党合作的决议，动员团员以个人名义参加国

---

① 中共江油县委党史办公室：《四川马克思主义运动先驱者——纪念王右木诞生一百周年》，四川大学出版社，1988年，第160页。
② 党跃武：《四川大学史话》，四川大学出版社，2017年，第135页。
③ 中共中央组织部，中共中央党史研究室，中央档案馆：《中国共产党组织史资料（第1卷）：党的创建和大革命时期（1921.7—1927.7）》，中共党史出版社，2000年，第574页。
④ 中共四川省委党史研究室：《中国共产党四川历史（第1卷）：1921—1949》，中央文献出版社，2009年，第46页。

民党;并利用杨森急于办报的机会,创办《甲子日刊》,作为中国共产党的宣传舆论工具,宣传革命主张①。

1924年1月12日,国立成都高等师范学校校长吴玉章与杨闇公等二十多名早期革命家,在成都秘密成立了"中国青年共产党"(中国YC团)。中国青年共产党作为领导革命斗争的机关,发行机关报《赤心评论》。中国青年共产党与王右木在成都建立的党组织同一时期成立,其成员互有往来,共同配合,推动成都地区的革命活动。②1924年,王右木在参加中国共产党会议后返回四川的途中遇害。至年底,成都党团组织的大部分骨干转往外地。1925年,吴玉章在北京加入了中国共产党,中国青年共产党宣告解散,此后一直用"赤心社"的名义开展革命活动,原中国青年共产党的大多数成员随即加入了中国共产党。1926年4月,中共成都特别支部委员会(简称"中共成都特支")建立,受中共中央执行委员会和中共重庆地委的双重领导。1926年9月5日,"万县惨案"③发生,引起了党组织的重视,成都各界人士积极响应。党组织于1926年9月16日通过成都劳工联合会发出通电,号召成都各阶层人士积极行动起来,组成"'万县惨案'成都国民雪耻会",举行罢课、罢市、罢工活动,并发布致省会警察厅函。1926年9月,中共成都特支党员人数进一步增加,达到了二十人。

1927年形势逆转,蒋介石发动"四一二"反革命政变,开始在成都大肆搜捕屠杀共产党员,抓捕进步革命人士;随后,四川军阀刘湘、刘文辉等联合发出反共通电,开展了一系列反共活动,抓捕共产党员。此前,刘湘还制造"三三一"惨案,杨闇公遭到杀害。为了适应斗争新形势的需要,1927年4月,国立成都大学(从国立成都高等师范学校中独立出的学

---

① 中共成都市委党史工作委员会:《中共成都市委简史:新民主主义革命时期部分》,四川民族出版社,1989年,第7页。
② 成都市地方志编纂委员会:《成都市志大事记》,方志出版社,2010年,第672页。
③ 万县惨案,又称万县"九五惨案",发生于四川省万县(现重庆市万州区)。1926年9月5日,英国帝国主义军舰炮轰四川万县县城,屠杀中国军民,造成居民死伤严重,房屋财产损失巨大。

校，后并入四川大学）的共青团员在中共成都特支的领导安排下全体转党，正式建立了"中共成都大学支部"，支部书记由李正恩担任[①]。4月13日，中共成都特支书记刘愿庵在岳府街铁路公司召集的国立成都大学团员大会上宣布了中共成都大学支部成立。[②] 在国内革命形势和社会环境的影响下，成都党组织受到了较大损失，成都市工会也被捣毁查封，中共党员刘愿庵、钟善辅等人遭到通缉[③]，成都大量的革命人士和进步学生遭到迫害，进步社团逐渐减少，同时成都党组织也逐渐转向地下，进一步秘密开展革命活动。

（二）四川大学对党团组织创建的贡献

当时国立成都高等师范学校是成都乃至四川最早传播马克思主义的基地和革命者的摇篮，其中以吴玉章、王右木、恽代英、杨闇公、童庸生等川大校友为代表，在成都早期党团组织的创建工作中做出了巨大贡献。

第一，国立成都高等师范学校的师生是早期党团组织建立者和重要成员。国立成都高等师范学校众多师生参与了早期党团组织的建立，如王右木领导成立了中国社会主义青年团、中共成都独立小组等，童庸生等众多川大学子即其成员，并在整个党团组织建立过程中做出了巨大贡献。第二，国立成都高等师范学校为成都早期党团组织的创建提供了有利的外部环境。作为成都当时的高等教育学校，国立成都高等师范学校有着数量较多的进步学生，更容易接受学习和理解马克思主义；并且作为四川新文化运动的策源地，国立成都高等师范学校为宣传新思想、新文化提供了重要基地，也造就了学习新思想的文化氛围。这都为早期党团组织在成都顺利

[①] 参见《四川党史研究资料》总第55期，同时参考贾铨、苏友农、李保鲁、廖友陶等的回忆录。转引自《四川大学史稿》编审委员会：《四川大学史稿（第1卷）：四川大学（1896—1949）》，四川大学出版社，2006年，第111页。

[②] 《四川大学史稿》编审委员会：《四川大学史稿（第1卷）：四川大学（1896—1949）》，四川大学出版社，2006年，第111页。

[③] 成都市地方志编纂委员会：《成都市志大事记》，方志出版社，2010年，第671—672页。

建立提供了有利的条件。第三，国立成都高等师范学校马克思主义读书会为党团组织创建提供了组织基础。当时成都并没有成立专门的共产主义小组，而马克思主义读书会填补了这一空缺。由王右木领导的马克思主义读书会吸收了一批进步学生和社会上其他知识青年、新闻工作者等，集中学习和宣传马克思主义，引导众多人士走向革命道路，也为党团组织提供了大量的人才，更在之后引导一部分各界人士加入了中国共产党，为成都解放事业做出了巨大贡献。第四，国立成都高等师范学校师生创办的进步刊物是早期党团组织创建的重要舆论和宣传工具。当时由王右木创办的《人声报》和之后由吴玉章、杨闇公主持创办的《赤心评论》集中宣传马克思主义，揭露帝国主义恶行和批判封建军阀，为当时的四川指引了前进的方向，也让人民大众进一步了解了马克思主义。同时，鼓动人民发出自己的呼声，提出人民的意愿和要求，成为早期党团组织的重要舆论工具。[1]

二、党团组织在成都的发展情况

1923年10月，王右木经中共中央指示和批准建立了四川最早的党组织——中共成都独立小组。第一次国共合作形成之后，1926年4月，中共成都特别支部委员会建立[2]；10月，成都市工会在中国共产党领导下成立，并创办了为工人阶级说话的刊物《工友》，进一步宣传革命思想，指导工人运动。[3] 这一时期党组织在成都一度取得了良好的发展。但第一次国共合作破裂后，由于国民党和四川地方军阀加大对共产党的搜查镇压力度，成都党组织不得已进行了调整，党的组织开始转入地下工作。初期，由于四川地方军阀内部与国民党矛盾较为复杂，成都党组织的发展还是较为顺

---

[1] 杨泉明：《理论创新与高校实践：四川大学纪念中国共产党成立90周年理论研讨会论文集》，四川大学出版社，2012年，第185—190页。
[2] 成都市地方志编纂委员会：《成都市志大事记》，方志出版社，2010年，第672页。
[3] 成都市总工会工人运动史研究组：《成都工人运动史资料（第5辑）：民主革命时期成都工人运动简史》，内部编印，1987年，第32页。

利。1927年8月，中共四川临时省委成立后，分析了成都当时的形势，调整发展斗争策略。1927年10月，中共成都市委建立，党员人数进步一增长，达到115人。①

1928年3月，经中共四川临时省委批准，中共成华县委员会建立②。在中共四川临时省委的指导下，成都党组织领导成都人民开展"反劣币斗争"和教育经费运动，以此来扩大群众基础③；加强对党员的思想教育，成都党组织进一步得到发展，到1930年6月，党员人数已经发展到261人④。在成都爆发的"反劣币斗争"和教育经费运动，触及了四川地方军阀的利益，刘文辉、邓锡侯等人制造了"二一六"惨案，大肆捕杀群众，逮捕进步人士和共产党员，其中川大学子袁诗荛、李正恩等多人惨遭杀害⑤，成都党团组织遭受到了严重破坏，成都革命运动转入低潮。1930年底，根据中共中央长江局指示，在成都恢复中共川西特委，在中共川西特委领导下，恢复中共成华县委。这一时期，党员人数骤减，到1931年4月仅有党员90余人⑥。1933年10月，刘湘任"四川剿匪总司令"，在四川开展"剿匪行动"，成都党组织中各个领导干部及成员被捕，如林永贤、邓俊、覃道生等人被捕，成都党组织遭到前所未有的严重破坏。1935年后，成都地区的各级党组织停止了有组织的活动；只有一些失去组织关系的党员仍然坚持斗争⑦。全面抗日战争爆发之前，由于成都党组织遭到了严重

---

① 中共成都市委组织部等：《中国共产党四川省成都市组织史资料（1922—1993）》，2000年，第9—17页。
② 成都市地方志编纂委员会：《成都市志大事记》，方志出版社，2010年，第677页。
③ 中央档案馆，四川省档案馆：《四川革命历史文件汇集（甲3）》，内部编印，1986年1月，第55页。
④ 中央档案馆，四川省档案馆：《四川革命历史文件汇集（甲5）》，内部编印，1985年8月，第247页。
⑤ 中国人民政治协商会议四川省委员会，四川省省志编辑委员会：《四川文史资料选辑（第26辑）》，四川人民出版社，1982年，第168页。
⑥ 中共成都市委组织部等：《中国共产党四川省成都市组织史资料（1922—1993）》，内部编印，第20—21页。
⑦ 成都市地方志编纂委员会：《成都市志大事记》，2010年，第677页。

破坏，大量党员与党组织失去联系。这一时期的成都党组织主要有三股：一是1935年受中共中央派遣入川、开展上层统战工作和情报工作的共产党员张曙时，在发展了一批新党员、联系老党员的基础上，建立的一个基层党小组；二是失去组织关系的共产党员饶孟文联络其他失去组织联系的老党员，以及发展的新党员，自发组成的中共成都特支[1]；三是川大学生韩天石、王广义等人建立的"民先队"（中华民族解放先锋队成都队）[2]。

1937年7月7日，日本帝国主义制造卢沟桥事件，抗日战争全面爆发，中华民族同日本帝国主义的矛盾上升为国内主要矛盾。因此，1937年9月23日，第二次国共合作正式形成。抗日战争全面爆发后，为了领导推动四川地区的抗日救亡运动，成都党组织进行了调整，各级党组织迅速重建，党的主要任务就是领导人民进行抗日救亡运动，让成都的政治环境逐渐变好。1937年12月，中共中央派邹风平、廖志高回到成都，开始恢复和重建成都各级党组织并领导抗日救亡运动，先是梳理张曙时和韩天石所领导的党员关系，吸收部分民先队员入党；其次是对饶孟文和中共成都特支的党员进行审查与接收；同时，在成都各大学校开始发展新党员，建立党支部和党小组[3]。1938年1月10日，中共四川省工委成立，成都各级党组织相继恢复重建；1938年3月，中共成都市委重建。之后，中共成都东区委员会、中共成都南区委员会、中共成都少城区委员会、中共成都北区委员会、中共四川大学支部委员会、中共四川大学总支委员会于1938年相继成立[4]，党在成都的各级组织进入恢复和发展时期。这一时期，成都各级党组织利用有利形势，领导工人、学生、知识青年等各阶层开展抗日救亡运动，成立多个抗日救亡团体。同时，在各个抗日团体内建立了党支

---

[1] 周勇：《中国共产党抗战大后方历史（上）》，重庆出版社，2017年，第340页。
[2] 成都市政协文化和文史资料委员会：《成都抗战记忆》，四川人民出版社，2015年，第52页。
[3] 周勇：《中国共产党抗战大后方历史（上）》，重庆出版社，2017年，第342页。
[4] 中共成都市委组织部等：《中国共产党四川省成都市组织史资料》（1922—1993），2000年，第39—40页。

部。例如，在1938年，"四川省妇女抗敌后援会""星芒社""四川青年救国会""战训女同学会""天明歌咏团""四川旅外剧人抗敌演剧队"内部相继设立党支部，开展抗日活动①。

抗日战争进入相持阶段后，国共两党关系逐渐恶化。1939年起国民党数次开展反共高潮，成都各级党组织根据中共中央的指示进行了一系列的调整，改变斗争策略，领导成都人民与国民党破坏抗日战线的行径进行斗争。1940年3月，成都"抢米事件"发生，成都政治和社会环境进一步恶化。1941年1月，皖南事变发生，成都党组织的情况进一步恶化，国民党发动了多次反共高潮，成都各级党组织遭受重大损失。面对这种情况，成都党组织逐渐转入秘密状态，并开始审查及疏散党员，部分党员干部被调离成都。② 1944年，反法西斯战争形势发生根本变化，抗日战争已经进行到了反攻阶段，成都党组织开始活跃起来，领导成都人民进行抗日民主运动。一方面是当时成都在国民党的统治下经济不断衰败，社会环境恶化，人民怨声载道，早已对国民党的统治不满；另一方面，中国共产党积极组织各抗日党派成立联合政府，以集中力量结束抗日战争。

三、全面抗战后共产党领导的成都学生运动

1931年，"九一八"事变消息传到四川成都后，日本的恶劣行径激怒了成都人民，成都各界人民群众反日斗争迅速兴起。这一时期，成都党组织因遭受到了严重破坏而转入地下，秘密进行抗日救亡活动和宣传领导学生、工人等各阶级人民进行抗日斗争。"一二·九"运动之后，在成都党组织一些党员的领导下，"海燕社""中华民族解放先锋队成都队"于1936年相继成立，组织学生参加救亡运动，并随后联合成立"成都学生救国联

---

① 中共成都市委党史研究室：《抗战风云录：成都八年抗战史料简编》，成都时代出版社，2005年，第17—23页。

② 成都市地方志编纂委员会：《成都市志大事记》，方志出版社，2010年，第691页。

合会"①，广泛宣传抗日救亡政策和团结成都各个学校的学生开展抗日救亡学生运动。

其中，川大众多学子参加抗日救亡活动，如"熊复在民族解放先锋队的安排下，还准备了许多东北沦亡地图等宣传画和传单、标语。这些宣传队伍组织性强，热情很高，以救亡歌曲开路，鲜艳的小旗飘扬于队列之中，一路歌声嘹亮，浩浩荡荡，无论出发或是回归，都是列队进行，队伍回到城门外即行解散，搞得有声有色"②。1936年7月31日，川大师生为声援华北抗敌大会，成立了"四川大学学生抗敌后援会"，在当时"四川省抗敌后援会"③的安排下，在成都市内各处开展演讲、演唱、张贴标语、散发传单、募捐等抗日宣传活动④。四川大学学生抗敌后援会的成立推动了成都各高校的学生抗敌后援会的成立，其开展的抗日宣传活动也掀起了整个成都抗日救亡运动的热潮。

抗战到了中期，四川是全国抗日的大后方，也是国民党统治的中心地区。成都是四川政治、经济、文化的中心，具有光荣的革命斗争传统，这里蕴藏着相当雄厚的革命群众基础和民主进步力量。成都的学校比较集中，原来就有川大、华大、川康农工学院以及一些专科学校，还有58所中学。抗战期间，齐鲁大学、中央大学医学院、金陵大学、金陵女子文理学院、光华大学、燕京大学等先后内迁成都，使这里的大专院校增加到10所，共有大学生8000多人，大大加强了成都学生中的进步力量。在当时的华西坝上，集中了华大、金陵大学、金陵女子文理学院、齐鲁大学、燕京大学和华西协合高中、协合护士学校等几所教会学校，约有大、中学生

---

① 四川省文史研究馆，四川省人民政府参事室：《四川国民党史志》，四川人民出版社，1994年，第201页。
② 周天度，孙彩霞：《救国会史料集》，中央编译出版社，2006年，第1075页。
③ 1936年7月17日由国民党四川省党部建立，但其领导权基本掌握在中国共产党和民先队手中。
④ 张树军：《中国抗日战争全景录（四川卷）》，四川人民出版社，2015年，第112页。

4000人左右。①

　　第二次国共合作开展后,成都各级党组织开始恢复重建,并开始在成都各个学校领导宣传抗日救亡活动,不断组织学生运动。成都党组织通过当时的进步刊物,如《人声报》等,宣传组织学生创建抗日救亡学生团体。1937年3月,成都36个救国团体召开大会,宣布成立"成都各界救国联合会"②。1937年10月,华大成立了学校抗敌后援分会,有教职工17人,之后又组成了"华西学生救亡剧团",开始是由中共地下组织成员和民先队员参与领导,之后学校内成立了地下党支部,所有的抗日活动便直接处于党组织的领导之下了。这一时期,华西坝师生在党组织的领导下,开展了"组织宣传队进行宣传演出活动""为抗战前线将士募集寒衣""派代表出席全国学联第二次代表大会""欢迎世界学联代表来蓉""建立救亡图书室,争取教育群众"等一系列抗日救亡活动③。这一系列的学生运动不仅体现了成都学生抗战的热烈气氛,带动了大量社会各阶层人民群众参与,对推动整个抗日运动作出了积极贡献,1938年春,因四川大学学生抗敌后援会领导权被顽固派篡夺,川大学子郭治澄、喻厚高针对当时全国抗日救亡运动日益高涨的形势,决定另行成立"成都学生抗日救亡宣传团",而这个宣传团的骨干主要是共产党员和民先队员。该团在之后开展了多次抗日宣讲活动,同时向全国学联第二次代表大会贺电,要求实行民主政治,实行全民抗战,实行战时教育。他们还开展了向国际友人介绍中国学生抗日救亡运动情况、发起举行成都全市学生"一二·九"三周年纪念大会、发起义卖募捐等活动。④ 这不仅锻炼了一批先进的中国共产党党员和

---

　　① 中共成都市委党史工作委员会民协史编写组:《民主青年协会革命斗争史稿》,1984年,内部编印,第3页,第4页。
　　② 四川省档案局:《抗战时期的四川:档案史料汇编(上)》,重庆大学出版社,2014年,第313页。
　　③ 成都市政协文化和文史资料委员会:《成都抗战记忆》,四川人民出版社,2015年,第389—390页。
　　④ 四川大学校史编写组:《四川大学史稿》,四川大学出版社,1985年,第236—239页。

进步学生，同时有助于推动成都地区的抗日救亡运动走向新的阶段。

1940年3月14日，成都发生"抢米事件"，国民党非法抓捕共产党员、进步人士、学生和群众，引起了成都市民的强烈反应。[①] 1941年，国民党制造皖南事变，举国震惊。面对这样逐渐恶化的局势，成都不少进步人士和学生开展抨击国民党政府腐败和反共的活动。1944年，成都发生了成都市警察局武装镇压成都市立中学学生的"市中血案"，引起了公愤。成都全市学生和人民，在当时川大"民协"的多名共产党员的宣传领导下，开始采取多种形式声援成都市中学生，动员学生参加斗争，并在成都示威游行和到省府请愿。据记载：

> 三时许，大会宣布示威游行开始。游行队伍前面举着"成都各大中学生请愿团"的白布黑字横幅，两旁以散发传单的自行车队开路……有的高唱《满江红》，有的散传单、呼口号，有的在水泄不通的人群中讲演。[②]

最终，时任四川省政府主席张群表示接受学生的请愿请求，"双十一"游行请愿取得了完全胜利。在"双十一"游行请愿后不久，1945年，在中共党员和川大"民协"的组织下，一些进步同学表达了成都学生反内战、要民主的心愿，进一步促进了成都学生运动的高涨。

1945年9月2日，日本签字投降书，中国取得了抗日战争的全面胜利，全国上下一片欢腾；同时《双十协定》的签订，使全国人民希望国家和平发展的愿望更加迫切。然而，1945年12月1日，国民党军警镇压"要求和平、反对内战"的昆明学生，造成了昆明"一二·一"惨案；昆明3万余人举行示威游行，抗议国民党暴行。消息一传到成都，成都人民为之震惊和愤怒。1945年12月9日，川大学生与成都市各大学学生共

[①] 中共成都市委党史研究室：《抗战风云录：成都八年抗战史料简编》，成都时代出版社，2005年，第6页。

[②] 四川大学校史编写组：《四川大学史稿》，四川大学出版社，1985年，第316—319页。

4000多人，在华西坝广场举行了声援昆明同学和反内战大会；并宣布成立了成都学生援昆反内战联合会。10日，川大"民协"组织20多个社团300多人，再次开会追悼昆明遇害同学[1]。此次声援运动把成都的学生运动推向了新高潮，此后，学生运动更为频繁。1945年年底到1946年年初，在中共成都党组织的领导下，川大学子针对"李实育事件"[2]和"三教授事件"[3]，相继开展了反对迫害进步学生和进步教授运动和尊师运动。1946年11月，四川大学党支部和"民协"发动、组织师生参加反对刚签订的《中美友好通商航海条约》斗争，学生在校内举行游行示威，随后发表反对宣言，与成都各界人士联合开展反对《中美友好通商航海条约》的运动[4]。上述运动使得成都进步学生势力愈发壮大，学生运动也更为激烈。

1947年6月，刘邓大军进入大别山，解放战争进入了中国共产党的战略反攻阶段。由于国民党正面战场的接连失利，形势逆转，蒋介石加强了对其统治区的控制，整个成都暗流涌动。1947年12月30日，经过分析成都矛盾重重的形势，成都党组织和"民协"组织发动了"保障人权的斗争"，当时，川大、华大、华西协合中学校、成华大学等校3000多名学生，在华大广场集合到市区示威游行。"游行大队伍以一个大灯笼作前导，象征用光明来照亮黑暗的旧社会。队伍中有的敲锣打鼓为'民主'送葬，有的高举各色漫画标语。浩大的学生队伍直接占领了省政府。"[5] 1948年2月，根据中共中央指示，中共川康特委正式组建了中共成都市委员会，直接领导当时川大、华大"民协"的工作，并在成都各个学校内开始组织成

---

[1] 《四川大学史稿》编审委员会：《四川大学史稿（第1卷）》，四川大学出版社，2006年，第255页。

[2] 1945年12月11日，川大学生李实育因声援昆明学生、抗议"一二·一"惨案被反动分子毒打，后被当时的警察局歪曲事实、栽赃陷害。

[3] 1946年3月12日，反动分子诽谤侮辱四川大学李相符、彭迪先、陶大镛三位教授。

[4] 《四川大学史稿》编审委员会：《四川大学史稿（第1卷）》，四川大学出版社，2006年，第259页。

[5] 宋海常：《成都黎明前后》，四川人民出版社，2009年，第23页。

都青年学生开展"反饥饿、反内战、反迫害"斗争①。

1948年初，成都经济危机极其严重，通货膨胀加剧，物价猛增，学生学费大幅度上涨。因此，中共成都市委和"民协"决定开展"由学生自己组织，用自助、互助办法来解决读书难、吃饭难"的助学运动。华大"基督教学生运动促进社"首先提出开展助学运动倡议，得到了成都各个学校热烈响应，随后华大、川大先后成立了"助学运动委员会"，在学生中发起助学签名活动，组织同学通过义卖、义演、劝募等形式，争取社会各界伸出同情之手，在整个社会产生了广泛的影响。②成都助学运动持续了半年之久，一方面切实解决了一部分学生的求学困难，另一方面，团结了大量的人民群众，为成都解放提供了较好的群众基础。

1948年初，蒋介石派王陵基就任四川省政府主席，成都局势更为混乱。1948年4月9日，川大学子带领成都各个学校学生向国民党四川省政府请愿，要求发平价米，却遭到了王陵基的血腥镇压，众多学生受伤和被捕。③"四九"血案引起了整个四川的震动，消息一传到全国后，整个社会要求释放被捕学生的呼声不断。后在中国共产党领导的成都学生后援活动和整个社会的支持下，被捕学生全部被释放。"四九"运动取得胜利，推动成都学生运动达到高潮，国民党在整个社会已经逐步丧失了群众基础。

1949年初，中国人民解放军已经取得了辽沈战役、淮海战役、平津战役三大战役的胜利，解放战争的胜利已成定局。面对这样的全国局势，经中共中央的指示，成都各级党组织开始保存实力，并组织学生和群众开始为成都解放做准备。成都党组织开始组织学生和进步青年回到学校通过各种活动启发同学提高思想觉悟，加强群众工作，在广大成都人民中宣传人

---

① 中共浙江省委党史研究室，中共杭州市委党史研究室：《解放战争时期第二条战线：学生运动卷（下）》，中共党史出版社，1997年，第449页。

② 中共成都市委党史工作委员会民协史编写组：《民主青年协会革命斗争史稿》，内部编印，1984年，第73页。

③ 王陵基：《四川解放前夕情况的回忆》，载四川省政协文史资料委员会：《四川文史资料集粹（第2卷）》，四川人民出版社，1996年，第785页。

民解放战争的大好形势和中国共产党的相关政策;同时,利用社会关系,开展统战工作;组织学生劝留教师和专家教授,保护学校;各校进步团体也组织学生开展各方面的调查活动,为中国人民解放军接管成都准备相关资料。[①] 这一时期,在成都党组织的带领下,各校学生开展了一系列为解放成都做准备的活动和工作,为成都解放打下了坚实的思想基础和群众基础,作出了巨大贡献。

1949年12月27日,成都正式宣告和平解放。成都这座千年古城和所有人民迎来了新的曙光,翻开了新的篇章。

结 语

中国共产党建立后,迅速在成都建立各级党组织。成都党组织从成立之初到成都解放前夕,经历了多次的摧毁和恢复发展。从整个成都党组织的建立和发展历史来看,成都党组织的发展并不是一帆风顺的,这是一个曲折发展的历程,其中包含了无数中共党员和其他进步人士的努力和牺牲。而正是有了由共产党领导的人民斗争,才会有成都解放的胜利果实。从中,可以总结出几个特点和经验:

第一,良好的群众基础是关键点。成都党组织是比较重视团结人民群众的,在成都人民心中形象较好,正因为如此,不论是抗日战争还是解放战争时期,成都党组织都获得了成都人民的广泛支持。特别是成都解放前夕,党组织领导学生深入团结群众,在群众中宣传解放战争大好形势和中国共产党的政策,这大大缓解了人民群众面对成都即将解放的恐慌,也为成都解放后中国共产党更好接管成都提供了良好的条件和基础。

第二,学生运动发挥了巨大作用。当时许多共产党员都隐藏在学生群体之中,一方面是身份具有隐蔽性,方便开展工作;另一方面是能更好团

---

① 中共浙江省委党史研究室,中共杭州市委党史研究室:《解放战争时期第二条战线:学生运动卷(下)》,中共党史出版社,1997年,第454—455页。

结学生，发展更多的共产党员。在党组织的领导下，抗日战争和解放战争时期开展了大量的学生运动，这些运动也大多取得了胜利。成都的学生运动不仅推动了成都解放的进程，也为党组织在成都的发展壮大提供了较好的条件；同时，学生运动也彰显出了成都学子忧国忧民、勇担使命的精神。

第三，统一战线是取得胜利的重要策略。成都党组织在其发展历史中，多次团结进步团体共同开展斗争活动，知识青年、进步人士、农民和工人等进步力量一直以来都是党组织依靠开展活动的重要对象。成都党组织在多段低潮时期，通过分散在成都社会各行各业中，团结一切力量来恢复发展。抗日战争时期，抗日民族统一战线的形成鼓舞了社会各界人士，成都各界人士纷纷投入抗战中，壮大了抗日力量。解放战争时期，成都党组织通过联合成都社会各阶层的力量，才取得了成都的和平解放，其中学生、商人、农民等发挥的巨大作用是显而易见的。

总的来说，成都党组织经历了一个曲折发展的历程。虽然整个过程中也出现了数次低潮，经历了不少困难；但是成都教育和党组织的发展为成都解放作出了巨大贡献，同时也为成都之后教育的发展奠定了坚实的基础。蜀学文化和革命历史更是造就了一大批进步学子，在之后的四川剿匪工作、成都解放后教育的发展、新中国的建设工作中作出了巨大贡献。1949年12月27日，成都和平解放。这对成都人民来说有着巨大意义，意味着成都的新生，也意味着成都即将进入一个崭新的历史阶段。

解放后成都教育界的接管

1949年12月27日，中国人民解放军发动的成都战役胜利结束，成都宣告解放。30日，中国人民解放军第十八兵团在西南军区司令员、川西北临时军政委员会主任贺龙，川西北临时军政委员会副主任王维舟，西南军区副政委、川西北临时军政委员会副主任李井泉等率领下举行了隆重的入城仪式，在成都人民的热烈欢迎中进驻成都市区。

1950年1月1日，中国人民解放军成都市军事管制委员会正式成立，开始成都的接管工作。接管成都的具体办法如下：

首先，注重"自上而下"和"自下而上"相结合。通过自上而下地了解情况、宣传政策，说明新政权接管的政策方针与任务，安抚原有人员的情绪，消除各种怀疑顾虑。依据被接管机关的范围、特点，决定接收的方法和步骤。同时，自下而上发动群众，分别召开工人、职员座谈会，发展积极分子，组织清审委员会，发动大家自报与检举等，坚持贯彻群众路线。这样的工作方法，使得接管工作变成了人人关心、大家负责的事情，极大程度减少了包庇隐瞒、贪污盗卖等现象，同时又把接收工作变成发动群众、组织群众、教育群众的过程，为日后城市管理打下良好的基础。

其次，接管过程始终坚持把"接收"与"管理"两者统一起来。在推进接管进程中踏实做好管理，以良好的管理来推进接管工作。这是爱惜劳动人民财产的体现，也是支持和平建设事业、支援解放战争的需要。人民政权按照接管对象的不同性质和业务，分轻重缓急，有重点地配备干部，采取"接""管"并重、先"管"后"接"、先"接"后"管"或边"接"边"管"等办法。

最后，接管工作贯彻了整套接收、保持完整的原则。为了保持业务和生产的继续，人民政权在接管中防止破坏损失和分散转移，避免对生产造成重大损害。在这样的原则指导下，人民政权对于生产与文教部门基本上采取原封不动、整套接管的方针，使之能"一面开工，一面清点"，"一面接收，一面复课"，并依据具体情况，逐步废除其反人民反科学的制度和内容，保留其符合人民利益和符合科学的制度和内容。但接管工作也要讲辩证法，一定要具体问题具体分析。政务及军事部门，必须予以彻底改造。因为国民党过去庞大臃肿的军政官僚机构和一切反动的统治制度，是专门用来压迫、对付人民的，只有彻底改造，才能符合为人民服务的中国共产党的宗旨。因此，人民政权有计划有步骤地对其进行了全盘改造，清除了国民党的军政制度，建立了新的军政制度。[①]

在以上办法的指导下，人民政权依据成都市具体情况，组成了政务、军事、财经、文教、公安等几个大部门，从事接管准备工作。经过不懈努力奋斗，接管工作终于取得重大成效，在3月16日至22日召开的成都市第一届各界人民代表会议上，人民政权宣布了接管工作的基本完成。成都初步建立了革命的新秩序，为建设人民的、生产的新成都奠定了基础。

一、接管前夕成都教育界的思想动态

在接管前夕，成都开展了文教界座谈会，充分宣传党的政策，广泛征集群众意见。

教育界的思想动态主要反映在学生和教职员身上。绝大多数学生，开始情绪是很高涨的。比如川大学生积极宣传和拥护党的决策。1950年2月12日，《川西日报》报道了活捉战争犯王陵基的消息。市内各学校教师、学生、职工看到这个消息，一致要求审判这个刽子手。川大教员们喜笑颜开地说："让他回川大来，新政权看看他，也让他看看新政权。"川大郭其

[①] 成都市委党史研究室：《接管成都》，成都出版社，1991年，第88页。

祥等同学还编了"活捉王陵基"莲花落"硬是好,硬是好,王陵基给活捉到;活捉到,抹不说,我说拿来砍脑壳;砍脑壳,太松活,我说拿来刀刀剥",并及时向群众进行宣传。①

青年学生充满了各种美好的理想,认为解放后可以免费住学,可以清算豪门,可以撤换落伍的教职员,可以活捉全部特务,可以取消考试、管理制度等。这些想法的动机绝大部分是好的。还有不少学生急于参加干部学校和革命工作,热衷于参加各种活动。他们认为,解放后一切可以由自己,有些要求过高、过急,甚至是盲目的,其中夹杂着小资产阶级的疯狂性。

在教职员方面,主要有三种情况。一种是比较进步开明的,他们对人民政权具有较高的认可度,工作很积极。另一种是落后甚至顽固的分子,看不惯这一套,表示不安和不满。华大某教授曾说:"学生不听话了,和军代表一接近就盛气凌人了,洋洋得意,学校不好办了。"他们对前途感到悲观,但经军代表讲解政策后逐渐消除了担忧。最后还有一小部分比较反动或是有政治问题,他们趁机造谣欺骗学生,分化学生和军事小组的团结,利用各种合法的机会,企图争取群众,夺取领导权,以保持他们的地位。有的甚至教唆一部分落后的学生向军事小组提难题。石室中学布置了一些反动的职员、学生暗中监视军事小组的行动。还有学生在听了军代表讲话后,断章取义,蛮不讲理地诘问军代表。

在这样思想动态多元复杂的情况下,人民政权组织了宣讲会,对这些学生和教员进行教育。经过一段时间的学习后,首先是积极分子安静下来了,他们致力自己的工作。但仍有一些问题未得解决,部分积极分子不满人民政权对特务分子未迅速大批逮捕,不满人民政权没有领导他们及时对学校进行激烈的改革。教职员的思想动态大体上也和学生差不多,进步者

---

① 高中伟:《新中国成立初期城市基层社会组织的重构研究——以成都为中心的考察(1949—1957)》,四川大学出版社,2011年,第74页。

腰杆更硬了些，中间分子更向党组织靠拢了，少数反动的则销声匿迹了。

二、接管教育机构

对教育机构的接管是文教接管工作的重中之重，当时西南地区的教育情况除了与其他解放区有部分相似之处外，还有许多特殊的情况，西南局在接管教育机构时，以中共中央接管教育机构的政策为指导，以地区实际为参考，走出了一条独具特色的成都教育机构接管之路。

（一）中共中央对于接管教育机构的政策

在1949年9月召开的中国人民政治协商会议全体会议上通过的带有根本法性质的《共同纲领》中规定："中华人民共和国的文化教育为新民主主义的，即民族的、科学的、大众的文化教育。人民政府的文化教育工作，应以提高人民文化水平，培养国家建设人才，肃清封建的、买办的、法西斯主义的思想，发展为人民服务的思想为主要任务。""有计划有步骤地实行普及教育，加强中等教育和高等教育，注重技术教育，加强劳动者的业余教育和在职干部教育，给青年知识分子和旧知识分子以革命的政治教育，以适应革命工作和国家建设工作的广泛需要。这是改革教育事业的基本依据。"

中华人民共和国成立后，建立教育部，任命马叙伦为部长。同年12月23日召开了第一次全国教育工作会议。会议讨论了如何对旧教育进行有计划有步骤的改革问题，确定教育改革的方针是"以老解放区新教育经验为基础，吸收旧教育有用经验，借助苏联经验，建设新民主主义教育"，明确了新教育的发展方向。"除了必须维持原有学校继续加以改进外，教育应着重为工农服务，而当前的中心环节，应是机关、部队工厂、学校普遍设立工农中学，吸收大批工农干部及工农青年入学，培养工农知识分子干部，同时大量举办业余补习教育，准备开展识字运动。"①

有步骤地、谨慎地进行旧有学校教育事业和旧有社会文化事业的改革工作，争取一切爱国的知识分子为人民服务。在这个问题上，拖延时间、不愿改革的思想是不对的，过于性急、企图用粗暴方法进行改革的思想也是不对的。毛泽东同志和中共中央的这一指示，对旧文教的改造和新文教的发展有重要的指导意义。

国民党统治时期，学校一般分为公立和私立两种，公立高等学校又有国立和省立之分。考虑到国民党政府垮台后，原国立或省立学校已无经费来源和主管领导部门，因此，新中国成立后，首先接管公立学校。新解放区各级学校的接管并不是在中华人民共和国成立后才开始的。解放战争期间，随着解放区的开辟，各地学校随之也由军事管制委员会或人民政府所接管。②

西南地区还有一些独特的复杂情况。因为西南是国民党政府逃到台湾前在大陆的最后据点，反动统治盘踞的时间较长，又是多年来受封建思想影响最深的地区，政治、经济、文化基础薄弱，教育相当落后。

全区7000多万人口，只有17所公立高等院校和26所私立大专学校，学生共15000多人；有1200多所中等学校，学生约15万人；有小学7万多所，学龄儿童入学率甚低，在校学生数很少。

公立高等院校中，除川大、云南大学、重庆大学建校历史较长，具有一定的规模外，其余院校基础都比较差。主要分布在重庆和成都的私立大专，除华大外，其余的接近"大学的牌子，中学的水平，小学的设备"的状况，教育质量低下。根据中央关于新解放区教育工作方针的精神，结合西南地区的实际情况，经西南局和西南军政委员会批准，当时采取的措施是公立学校一律接管，暂维持现状，对私立学校则要求其接受人民政府教

---

① 王育民：《中国国情概览》，吉林人民出版社，1991年，第514页。
② 何虎生：《建国大业》，中国广播电视出版社，2017年，第262-263页。

育行政部门的领导,采取扶植政策,允许继续办下去。所有学校除废除反动课程外,一律照旧上课。人民政权切实保护学校的资财、图书、教具等一切设备,并作了一些初步改革。

在旧人员的处理问题上,中共中央明确指示:"有步骤地进行旧有学校教育事业和旧有社会文化事业的改革工作,争取一切爱国知识分子为人民服务,这个问题上拖延时间不愿意改革的思想是不对的,过于性急企图用粗暴方法进行改革的思想也是不对的。"依据这一指示,西南局严格走群众路线,认真贯彻知识分子政策,努力团结广大知识分子,尽可能调动一切积极因素。除少数劣迹昭彰、贪污腐化、为群众所痛恨以及根本无能专靠姻亲等关系挂空名衔的冗员外,凡有一技之长又愿为人民服务者,政府一律采取团结、争取、改造、录用的方针,负责处置其生活问题,即使一时尚无适当工作可分配,也不使其流离失所。对于资遣回家的人员,人民政权大都进行了谈话解释,征求其意见,适当地解决其困难。军管会专门组织了处理处,专事处理返乡人员问题。为了帮助解决返乡人员路上可能遇到的困难,避免对沿途人民的骚扰,新政权除给予资遣证、路费,将其集中编队武装护送外,还沿成渝、川陕两公路共设了20个招待站。对于老弱病残行动困难者,酌情增加路费或设法帮助转送。

(二)成都大、中、小学的接管

在中央对教育机构接管的政策指引下,西南局对成都教育方面的接管政策作出了如下安排:

首先,在接管工作方面,采取了新老干部混合编制的方式,共同组成军事小组(老干部了解政策,新干部了解情况),互相学习。各组首先集中力量接管较复杂的一所学校,取得经验后,再分散力量,分头接管所有学校。

其次,在工作进程的安排上,首先是宣传政策,安定人心,恢复秩序。在军代表到校前,曾由教育部门召集全市大、中、小学教职学员代表举行座谈会,讲解文教、知识分子政策。各军事小组也分别召开全校人员大会及各种小型座谈会,进行宣传。同时配合政策宣传组织学习活动。1950年1月7日,成都军管会接管委员会召开大众学校教职员学生座谈会,李井泉在会上向与会者介绍了中共中央的文教政策。而时任宣传部部长的杜心源明确宣布实施"严格保护、暂维现状、有计划有步骤有重点的逐步改革"的接管方针,并对座谈会中提出的课程经费制度,教职员和学生的组织和学习等5个方面的问题,一一做详细解答。[①]

而在学习层面,内容主要为政策(包括社会政策在内)和政治学习。在学习的基础上,有计划地将各类人员组织起来,进行活动(如成立学生会、教职员联合会、工友联合会、师生员工代表联席会以及其他学术性的研究组织)。在学习中,有计划地发现培养积极分子,通过他们了解情况,为下一步的清点工作打下基础。总之,宣传政策、学习政策、了解情况并组织工作三位一体发动群众,只有教育工作做好了,群众觉悟提高了,形成各种组织,才能更好地开展群众性的接管和清点。

第三,进一步发动群众、组织群众,进行清点接管。在经过一定的学习后,各校进行了校政检讨会,清点了物资,完成了接管。在校政检讨会上,一般对旧学校的各种制度与反动、贪污的教职员进行了揭露批评,特别好的如艺专学生首先检讨了先生又检讨了自己,先生均表示满意。该校教员孙怒潮反映,共产党真是伟大,这才是真正的改造。

第四,对学校采取"严格保护,暂维状态,继续开学,逐步改革"的方针。在课程方面,取消了公民、伦理、六法全书、军训、童训等,代之以新的政治课(中国革命读本和世界现状)。在机构方面,取消了训导制,代之以临时的生活辅导制;群众组织和行政机构根据各校具体情况灵活改进。有些学生会,过去为进步力量掌握者不改组,如四川省立艺术专科学校、石室中学。华大学生会反动学生占多数,且为过去反动学校当局所御

---

① 《成都接管工作大事记(征求意见稿)》,成都市档案馆藏,档案号:53-001-0010-8。

用，他们自己辞职后，就另行组织了新的学生会。对原有教职员、学生的群众性组织，如团契等，暂采取不予理会的态度，让它们自行消灭，以免失去中间分子。积极发动群众，成立学联与教联，从教育中团结他们。成立新的教员联合会，代替了旧的教员组织（如川大、华大）。接管末期成立了临时校务委员会，作为接管期间及正式校务委员会产生前的学校最高行政领导机构。

第五，在对旧人员的处理方面，根据西南局指示办法，对特务、反动分子、有严重劣迹为群众十分不满的校长，予以撤换，严重者通知公安局管训。其中也有个别问题不大者，教育改造之，另调别校工作，除以上两种情况外，其余原则上一律留用，分别量才录用，并安置适当岗位。

第六，在对旧学校的处理方面，主要从政治上区别对待，战犯、特务所办或把持者，查封解散。私立岷云艺术专科学校仅有学生20余人，即饬令停办。处理后将学生转入其他学校，财产属公者没收，属私者归私。其他为反动势力操纵，但有一定历史性、社会性的学校都加以严格管制并更换领导。①

在以上办法的指导下，按照"严格保护，暂维现状，继续开学，逐步改革""一边接管，一边复课"和"宁慢勿乱，稳步前进"的文教系统接管方针。成都军管会于入城后的第二天就发布了《关于保护学校的通告》，宣布对各级各类学校分别不同情况，有步骤、有计划地予以接办、接收和改造。接管过程中，按照"先公后私"的步骤，首先接办了公立学校，成立临时校务委员会或管理委员会，着手进行改造。从1950年1月到3月，共接管了川大、国立成都理学院和3个专科学校、3个普通职业学校、1个师范学校、5个男子中学、5个女子中学和全市的公立小学。2月，成都军管会又颁布《成都市私立学校临时管理办法》，对所有私立学校重新进行登记。在此期间，还接管了华大、仁济护士学校、美明小学、晨星小学等

---

① 成都市委党史研究室：《接管成都》，成都出版社，1991年，第313页。

一批接受外国津贴资助或由外国教会办的学校。在稳定广大教职员和学生思想情绪的基础上，对各级各类学校进行了初步的改革，清除了学校中的国民党、三青团、青年党等反革命组织和特务分子，组织校务委员会，纯洁学校的领导成分；废除了国民党规定的训导制度，取消了国民党设置的公民、伦理、党义、六法全书和军训、童训等课程，代之以政治常识等新课程；1951年，从年初开始，全区开展了教师思想改造运动，举办小学教师讲习会，以提高教师的政治水平；尽量以专任教员为原则，逐渐减少教师兼课现象，以提高教学水平。1952年，西南文教部根据中央部署，对全区的高校进行院系调整，选拔人才，还邀请了苏联专家来讲学，介绍苏联的先进教育经验，在全区学校掀起了学习苏联的热潮。

结　语

通过几个月的坚持不懈的努力，人民政权的接管工作获得了如下成绩：由于军管会、文教部的正确领导和同志们在入城前对党的新区政策有了较明确的认识，接管工作没有发生什么大的原则错误。在中共地下组织同志的帮助下，他们估计情况比较准确，大大缩短了了解研究情况的时间。接管工作的进行比较顺利、迅速。如果说中共地下组织同志在接管最初还多少带些急躁和"左"的偏向的话，那么在短期内他们已能根据党的政策，比较全面地去考虑问题、处理问题。这次接管过程中实行的集中旧人员于一处进行有计划的学习、审查，便是了解和处理旧人员的最好办法——人民政权于2月初将所有接收人员（除留用与少数手续不清者）集中成立新闻讲习班，抽调少数干部专门进行审查教育工作。在将近两个半月的时间里收获很大，人民政权对旧人员基本上有了较明确的了解，并在其中发现和培养了十几个积极分子。旧人员在思想上都提高了一步，对人民政权有了较好的认识。这样一来，不但使人民政权提高了对旧人员的了解，制定出适当的处理方案，并且由于旧人员思想上有提高，减少了很多不必要的误会和阻力。旧人员都争着要工作做，认为被分配工作很光荣，如下乡征粮和到川北的工作，他们都抢着去，到了工作岗位，情绪也好，当地的反映也不错，仅有一个征粮人员因有病被退回。这就充分证明中央指示"宜聚不宜散，宜养不宜赶"的处理旧人员的方针是正确的。总体来说，中共中央对教育机构的接管政策和指导方针是正确的，在这一方针的指导下，西南局根据实地情况对成都文教机构的接管也是成绩斐然的。

了解了宏观层面的接管政策和成绩后，把视野放在某个特定的文化机构上，有管中窥豹的效果。1949年冬，解放的消息传入四川大学，校内师生员工欢呼雀跃，在党组织和各大社团的协助下，成都市军管会文教委员会对四川大学进行了全面的接管。四川大学由此开启了新的历史征程。

四川大学和华西协合大学的接管与改造

1950年初，根据中共中央的政策，成都军管会派出工作组对四川大学和华西协合大学分别进行接管和改造。在接管与改造的过程中，除采取正确的接管政策之外，早在接管前，校内的中共地下组织及其外围组织就积极开展接管的各种准备工作。与此同时，两所大学自身也积极按照中央人民政府"对私立学校采取保护维持，加强领导，逐步改造的方针"和"肃清封建的、买办的、法西斯的思想，树立为人民服务的思想"的要求，实施了"民族的、科学的、大众的"新教育[①]。新中国成立初期，经过军事代表监督下的初步改革和人民政府的接办和改造，华大从一所私立的教会大学转变成了社会主义的公立大学，为日后发展成为蜚声医林的新型多科性医科大学奠定了基础。川大也通过一系列的院系调整进入了新的发展历程。

一、接管前夕党组织及其他进步力量的发展

在人民政府正式接管改造川大和华大之前，校内的党组织及其外围组织为迎接解放开展了各种形式的活动，提前调查了学校人员、教学、设施等情况，并组织宣传和护校等各种接管工作。共产党员及其他进步组织成员的极大革命热情与贡献，对川大和华大的顺利接管与改造起到了很大的作用。

[①]《四川大学史稿》编审委员会：《四川大学史稿（第5卷）》，四川大学出版社，2006年，第3页。

（一）党组织的恢复与发展

自 1921 年 11 月，王右木在成都建立了"社会主义青年团"后，成都党团组织的发展历史便开启了。随着成都党团组织的建立，川大和华大校内的基层党团组织也逐步建立起来。

据《四川大学史稿》记载，1924 年秋，国立成都高等师范学校校长傅振烈以大学名义招收第一届预科生，新生中便有共产党员和青年团员。1925 年"五卅"反帝爱国运动之后，国立成都高等师范学校入党人数增多，经上级批准，于下半年组成了学校最早的基层党组织，学生何志远为负责人。1926 年，国立成都高等师范学校一分为二，分别为国立成都师范大学与国立成都大学。1927 年，重庆"三三一"惨案发生后，为了适应新的政治形势，中共成都特支于 4 月决定让国立成都大学的青年团员全体转党，正式成立中共成都大学支部。1927 年秋，由于新生中又转来一大批党员，国立成都大学党员人数大增，于是中共川西特委决定将其支部扩大为特支。特支是相当于中心县委（地委）一级的基层组织，这说明国立成都大学当时的党组织力量是相当强大的。同年 8 月，四川公立法政专门学校、四川公立国学专门学校、四川公立农业专门学校、四川公立工业专门学校和四川公立外国语专门学校合并组成公立四川大学。五大专门学校中的党组织成立的时间不详，但其在 1927 年组合为公立四川大学后，校内各学院都已有党支部了。1928 年，"二一六"惨案发生，成都地区及川大的革命运动就此走向低潮，校内的党组织不得不逐步转入地下开展活动。1930 年，中共四川省委发动广汉驻军起义失败，由于此次起义的主要领导者曹荻秋（当时党内用名曹健民，原国立成都师范大学历史系学生）等人为川大校友，加之学校许多学生参加了起义，因此许多革命师生被国民党列入"黑名单"，不得不远走北京、上海等地。至此，校内的进步社团完全解体，党组织完全转入地下。① 1931年11月，国立成都大学、国立成都师范大学和公立四川大学合并为国立四川大学；但是学校的党团组织仍未得到恢复，甚至到1936年，学校内也只有个别的党员在单独活动。

1937年年底，在已恢复工作的中共四川省工委的领导下，川大校内成立了党小组；到1938年2月，经上级党组织批准，学校正式成立了党支部。1938年5月至7月，由于学校党组织得到发展，党员人数大大增多。基于此，中共成都市委决定在川大建立总支，以便更好地联系和团结群众。到1938年底，川大共有党员七八十人，加上这些党员周围的同学朋友，以及党所领导的进步组织，掌握在党手中的力量达到三四百人，将近全校总人数的三分之一。因此，当时川大的党组织完全能够控制学校的局势，并且对于成都市的抗日救亡运动也起到了重要的推动作用。② 但到了1942年，在美帝国主义扶蒋反共政策的怂恿下，国民党开始在全国范围内掀起了反共高潮，四川成都党组织遭到了严重破坏，川大党组织的建设此时也中断。直到抗日战争胜利后，为适应新的斗争形势，满足新的斗争任务的需要，四川的党组织陆续恢复。川大的党组织也于1946年秋季开学以后得到恢复。③ 党支部的重建，有力地加强了党对学生运动的领导，也为党组织的发展提供了组织保证。从此，党的组织不断发展壮大，尽管在国民党残酷镇压下，也转移过少数暴露的党员，但川大党组织总是坚持斗争，直到成都解放。1947年，川大党支部先后领导师生参加了"反饥饿、反内战、反迫害"的学生运动等斗争，党的组织得到较大发展。为了适应斗争的高潮，1948年2月，上级党组织决定在川大重新建立党总支。川大党总支恢复后不断扩大，领导了声势浩大的"四九运动"、助学运动和声援国民小学教师运动，掀起了罢课、罢教、募捐的热潮，引起了国民党当

---

① 《四川大学史稿》编审委员会：《四川大学史稿（第1卷）》，四川大学出版社，2006年，第110—128页。
② 四川大学校史编写组：《四川大学史稿》，四川大学出版社，1985年，第252—256页。
③ 四川大学校史编写组：《四川大学史稿》，四川大学出版社，1985年，第302页。

局的惊慌。1948年8月，国民党实行全国性的大逮捕，川大也笼罩在一片白色恐怖氛围中。为了保存力量，川大党组织在中共成都市委的领导下，进行了有计划的撤退。到1948年9月开学时，在校党员减少至20多人。为了防止敌人破坏，在中共成都市委副书记彭塞的直接领导下，川大的教职工和学生分建党支部，彼此不发生横向关系，各自开展相关工作，直至解放。[①]

相比之下，华大党组织的发展历程就要短许多。1925年冬，中共成都特支建立后，华大学生吕渺崖、杨达、余宏文、王斌、李保鲁、刘永怀、陈文贵等人，先后在校内外加入中国共产党。后来，这些学生中有的参加了大革命和"南昌起义"，有的回乡参加了农民暴动……华大的党组织始终没有建立起来，直到十余年后全面抗日战争爆发。抗战期间，金陵大学、金陵女子文理学院、齐鲁大学、燕京大学四所教会大学陆续内迁至成都华西坝，与华大联合办学，形成了著名的华西坝五大学（简称"五大学"）。1938年4月，中共华西坝五大学支部成立，华大学生沈荫家担任支部书记。该支部成立后积极发展党员，逐步发展为总支，由华大学生艾尔达担任总支书记，各校的党小组也随之扩建为支部。华大党总支由中共成都外南区委领导，华大学子沈荫家、艾尔达、伍义泽先后担任过区委书记。到1941年，由于蒋介石消极抗日，大搞白色恐怖，中共成都外南区委不得不撤销五大学党总支，其党员也纷纷撤离转移。后因不少共产党员考入或转学进华大，华大党支部于1946年7月得以重建，并由时任中共成都市委副书记彭塞（当时公开的身份是华大的研究生）兼任支部书记。华大党支部至成都解放共历十一届，先后担任负责人的有刘盛舆、彭塞、胡庚炳（立民）、罗民什、蒋德心、倪烈光、郑富基、王泽儒、张永一、王堤生、唐开正。这段时间，华大先后发展党员20多人。此外，外校曾转入少数党员，中共成都市委职工组还在华大公教人员进修班和工人夜校中发展

[①] 四川大学校史编写组：《四川大学史稿》，四川大学出版社，1985年，第302—304页。

过党员。当时,中共川康特委副书记马识途也在华大先修班及华西协合中学校以英语教员身份工作两年多。[①] 到了解放战争后期,由于国民党加大了对成都党组织的破坏和对共产党员的迫害,华大党支部的活动不得不更为隐蔽和小心。特别是1948年成都"四九"血案发生后,华大地下党支部领导成员频繁更换,直至1949年年底成都解放,支部书记就更换了7次,党员人数也从原有的19人减少为4人。[②] 因此,成都解放前夕,华大地下党支部开展或领导的活动,大多都是通过党团员以及其外围组织"民协"成员来完成的。

(二) 党的外围组织

抗日战争后期,由于川大和华大的党组织建设中断,校内的共产党员为继续开展革命活动,团结进步师生和校内外的爱国志士,秘密组建了青年革命组织。这些组织在中国共产党的领导下,进行了一系列如火如荼的斗争。

1. 民主青年协会

民主青年协会成立于1944年10月15日,是中国共产党领导的成都地区的秘密革命青年组织,它的酝酿过程可以追溯到1942年。1942年秋天,华西坝上成立了革命秘密小组"蓉社",最初成员6人,其中共产党员4人。1943年初,"蓉社"改名为"马克思主义小组",成员增加到14人。1943年冬,这个组织又更名为"青年民主宪政促进会",华大共产党员贾唯英参加进来;通过贾唯英等人,这个组织与中共中央南方局取得了联系。1944年10月15日,经过党内酝酿,由"青年民主宪政促进会"发起,约集了成都市各大学的革命青年在成都市城北古刹文殊院召开会议,

---

[①] 《华西坝风云录》编辑组:《华西坝风云录:纪念民主青年协会成立六十周年》,内部编印,2004年,第1—2页

[②] 《华西坝风云录》编辑组:《华西坝风云录:纪念民主青年协会成立六十周年》,内部编印,2004年,第147—148页。

成立了"成都市民主青年协会"（为了不暴露这个组织，成员们往往用英语字母 MS 来称呼它）。1945 年初，中共川康特委正式委派王宇光（金陵大学学生、中共川康特委青委委员）负责"民协"工作。① 根据中共中央南方局的指示，王宇光向"民协"提出了第一个正式章程，明确指出："'民协'是中国共产党领导下的革命青年秘密组织，它的任务是团结广大革命青年学生为实现新民主主义和争取抗日战争的最后胜利而奋斗。"从此，"民协"便在中共川康特委（当时中共成都市委尚未成立）的直接领导下，战斗在成都平原。

在"民协"的组织下，到 1946 年年底，以"民协"会员为骨干的进步社团先后在成都各校建立，出现了一个建立和发展社团的热潮。到 1945 年上半年，仅是川大校内，就建立了 20 多个社团，成员达 400 人左右，还成立了各社团的联合会，"民协"则主要通过这些社团来联系群众。② 川大"民协"的工作是由李相符教授直接指导的，他的家（铮园 4 号），常是川大"民协"骨干秘密开会的地方。"川大'民协'的建立，在当时川大党组织尚未恢复的情况下，由于有与南方局有组织关系的李相符的直接领导，又有一批暂时失去组织联系的共产党员的积极参加，因而对于川大兴起的波澜壮阔的学生运动，起到了领导作用和骨干作用。"③ 1946 年暑假，李相符被校长黄季陆解聘去了南京之后，中共川康特委成员马识途，中共成都市委成员彭塞、洪德铭等人相继领导川大"民协"的工作。

华大"民协"是"民协"组织中的重要组成部分，刚成立时有成员十余人，首届干事会领导成员为贾唯英、彭塞和刘盛舆（三人当时均已是地下组织成员）。至 1949 年年底成都解放时，华大"民协"干事会已发展至第十届，几年间共发展"民协"成员 160 余人。其间，华大"民协"干事

---

① 《华西坝风云录》编辑组：《华西坝风云录：纪念民主青年协会成立六十周年》，内部编印，2004 年，第 132 页。
② 王玉生：《解放战争时期四川青年运动史稿》，重庆大学出版社，1987 年，第 24 页。
③ 四川大学校史编写组：《四川大学史稿》，四川大学出版社，1985 年，第 306 页。

会负责人几乎都是中共地下组织成员（均不公开党员身份），校内的党员几乎也都参加了"民协"，这使党对"民协"的直接领导得到了保证。1948年成都"四九"事件发生之后，国民党对共产党展开了大规模的镇压活动。于是，中共成都市委研究决定，有计划地将在此次运动中暴露较多的党员和"民协"成员疏散出成都。于是，华大中一大批有斗争经验的学生运动骨干相继离校（或隐蔽起来，或去其他地方开辟新战场）；剩下的成员则继续在校内开展多种形式的活动，以团结进步力量，争取中间力量和教育群众。① 1949年3月，中共成都市委转中共中央南方局指示，要求华大党支部暂停发展党员，保存力量以迎接解放。随即，华大党支部就向"民协"干事会发出指示，提出做好迎接解放的工作。1949年4月25日，《中国人民解放军布告》发布后，华大党支部全力宣传、贯彻布告，积极组织师生开展护校运动，以迎接解放。6月底，国民党在溃逃之际制造了大量谣言，煽动师生离校，企图扰乱人心、破坏学校。在这种情况下，华大"民协"立即召开干事会议，商量对策，以安抚校内师生的慌乱情绪。他们一边动员"民协"成员和进步学生劝阻同学离校；一边刷出大标语，要求坚持上课和考试，并派出学生代表要求学校当局表态以揭破谣言。8月底，华大党支部于开学前夕在华西后坝青春岛上召开了支委会。倪烈光（中共大学区委委员）、王堤生（华大地下党支部书记）和唐开正（党员、"民协"干事会组织干事）参加了会议。在会上，倪烈光首先传达了上级党组织的指示，分析了新中国成立前夕的大好形势，然后介绍了北平、上海等地迎接解放的经验；最后部署了华大"护校迎解放"的工作。会后，华大党支部及"民协"随即就将工作重心转到"护校迎解放"上来。9月初开学后，他们一边继续巩固其掌握的"学生公社"，一边开展了争夺学生自治会领导权的斗争。华大的学生自治会历来是被国民党控制着的，为

---

① 《华西坝风云录》编辑组：《华西坝风云录：纪念民主青年协会成立六十周年》，内部编印，2004年，第147页。

取得护校斗争的合法领导权，华大党支部及"民协"发动了一切进步社团和受其影响的各系级、各学舍，最终以压倒性优势选出了进步学生杨秀逸作为学生自治会主席，并选派了"民协"成员协助学生自治会工作，以确保始终掌控护校运动。①

2. 中国火星社

中国火星社，是1948年9月在川大成立的中国共产党领导下的又一秘密的青年革命组织。1948年"八二〇"大逮捕后，在川大"文学笔会"等进步社团受过历练和教育的四位学生——袁邦民、尹大成、罗绣章、王旭民提议成立一个秘密青年革命组织。他们借鉴列宁创办的《火星报》中"火星"一词为组织命名，"中国火星社"（简称"火星社"）由此得名。得知这个消息后，中共雅乐工委副书记吕英热心支持和指导火星社的相关成立事宜。不久后，袁邦民等4位同学联系了廖常珍、徐宗权、白大科、饶用虞、魏淑蓉、邓郁等6位同学组成队伍作为这一组织的发起人，于9月28日下午在望江楼旁的河滩上宣誓成立火星社。随后由袁邦民、王旭民参照中共"七大"党纲党章草拟了火星社的社纲社章。②"'火星社'接受中国共产党的领导，最高纲领是在中国实现社会主义，最低纲领是打倒帝国主义、封建主义和官僚资本主义，推翻国民党的反动政权，实现新民主主义。"③

火星社规定，其组织系统由总社、分社、支社和小组四级组成。其后，火星社进行了选举，袁邦民、尹大成、廖常珍、王旭民、罗绣章被选举为总社委员，袁邦民当选为社长，尹大成当选为副社长，总社委员会由此成立。随后总社委员会在经过考虑和讨论后决定：其一，先在川大建立

---

① 四川省政协文史资料委员会，成都军区政治部联络部：《回忆四川解放（续编）》，1989年，第253—254页。
② 四川大学校史编写组：《四川大学史稿》，四川大学出版社，1985年，第308页。
③ 四川省安岳县政协文史资料委员会：《安岳文史资料选辑（第24辑）：纪念安岳解放专辑》，1989年，第126页。

分社，并由罗绣章任川大分社社长；其二，加强与工人同胞的联系，以培根火柴厂和川大印刷厂为基地，自觉地同工人同胞相结合，以此更好地开展工人运动。火星社成立以后，中共雅乐工委副书记吕英便将组织事宜转交给了中共成都市委。1948年10月，当时的中共成都市委副书记彭塞亲自来川大与袁邦民接头，并确认了火星社组织及其革命活动的必要性，规定以后的联系频率为每半月一次，这标志着火星社的地位得到了共产党的充分认可。10月下旬，中共成都市委又派陈先泽来火星社，传达了最新指示："'民协'与'火星社'都是市委领导的先进青年的秘密革命组织，互相协同作战，但不发生横的联系。"[①] 后来在贯彻党的"积蓄力量，迎接解放"的指示下，火星社的工作重点放在系一级，通过各种形式，争取、团结中间同学，发展进步力量，开展迎接解放的斗争。火星社虽然主要以川大为基地，但是活动区域却远远超出了川大的范围，不仅在成都市大、中学校和工厂中进行组织工作，发展组织开展斗争，而且先后从成都转移到外地工作的社员达40多人，遍及成都、重庆、自贡三市和广汉、金堂、万县、内江等20余县。他们在这些地区发动学生运动、工人运动和农民运动，参加党领导的游击纵队，掌握乡村政权，开展策反工作，积极迎接解放。据后来统计，火星社总共发展了社员140多人，解放前后入党的就有14人。[②]

（三）接管前后校内的思想动态

1949年成都解放前夕，国民党政府仍然不甘心失败，而积极组织所谓"川西决战"。在这一图谋失败后，又派遣大量特务情报人员，试图破坏中共对成都的接管。为了阻止军代表接管学校，他们还在校内散布谣言，制造紧张气氛，污蔑共产党和解放军。在此情形下，川大和华大的地下党组

[①] 四川大学校史编写组：《四川大学史稿》，四川大学出版社，1985年，第308—309页。
[②] 四川大学校史编写组：《四川大学史稿》，四川大学出版社，1985年，第309页。

织及其外围组织,以及一些进步师生,做了大量的宣传和安抚工作。与此同时,国民党的凶恶面目在成都"十二桥惨案"中显露无遗。在如此复杂多变的形势中,校内师生的思想也逐渐发生变化。

1. 接管前夕校内师生的思想动态

1949年6月底,国民党一边撤退,一边通过三青团等反动组织散布恐吓谣言,宣称将破坏各路交通,并要求各类学校停课、停考,煽动师生离校。不久,时任中国基督教大学联合董事会驻华代表芳维廉飞到成都宣称:"只要华西大学当局在任何情况之下,保持大学的宗教性质不变,则联合部仍将维续支持大学的一切经费。"[①] 不少外籍教员听闻后,意识到时局变化对自己或有不利,立马收拾行装回国。而川大、华大的一些著名教授则大多受到了国民党的威逼利诱,要求他们前往台湾;这些教授中有的人对共产党心存疑虑,有的确有外国关系或被国外邀请。为了将这些人才留住,校内党组织及其外围组织有针对性地宣传共产党的政策,用已解放城市的知名学者为新中国服务受到重用的消息进行劝留。比如知名药学家汤腾汉博士在上海解放前夕谢绝国外邀请,坚决留下来为新中国服务。这使校内许多教职工消除了疑虑,决定留下。但许多经劝服留下来的外国人直至解放军进城也"不放心"。[②] 据时任成都军管会委员的马识途回忆,1950年元旦后几天,他和王放同志等人专程去拜访了曾给过他们帮助的华大外籍教授云从龙。云从龙得知马识途现在负责接管工作,便开始向他们打听军管会对于外国人的政策。他说,许多还留在华大的外国人不放心,纷纷向他打听。于是马识途等人向他介绍了军管会的外事政策,并叫他转告大家放心,只要去军管会外事处登记一下便可受到保护,愿意回国的可

[①] 中国人民政治协商会议四川省委员会,四川省省志编辑委员会:《四川文史资料选辑(第8辑)》,内部编印,第108页。

[②] 华西大学校史编委会:《华西医科大学校史:1910—1985》,四川教育出版社,1990年,第146页。

以批准回国。① 由此可见，由于华大特殊的教会背景，该校教职工对于新政权的接管政策存在较大的疑虑，但经过党组织细致的说服动员工作，不少人最终打消了顾虑。

成都解放前夕，国民党加强特务活动的同时，还加强了对学生宿舍的监管，经常半夜去抓人，使成都各校学生人心惶惶。一篇讲学运的文章对此作了详细描述：

> 国民党"应变"前夕，与赵尔宓（华西协合大学生物系学生）同住华英宿舍的一位同学悄悄告诉他"国民党今天晚上真要到宿舍抓人"，而赵也被列入黑名单内。赵"弄不清是真是假"，但"考虑到自己在学校比较活跃，有可能被误会为危险分子，还是以躲一躲为上策"，于是连夜搬到生物系大楼下暂避。余天潢（川大"民协"成员）回忆，他寝室里有的"普通同学"，由于紧张而半夜做噩梦，大呼"我不是共产党"，此或可见当时情形之一斑。②

在此情况下，华大党组织及其外围组织，一边派人潜伏进特务组织，试图揭破谣言和打击反动组织，并动员学生维护正常的教学秩序。③

1949年暑期，华大党组织和"民协"还发动、组织了护校运动。当时华大有400多人不回家，自愿留下来保护学校。其中200多人还组成了"暑期医药服务团"，通过为学校周围的群众做医疗志愿服务，宣传中国共产党的政策，同时也改善华大与周围群众的关系。医药服务团由华大教授任康才任团长，基督教青年会华长吉任副团长，"民协"干事会成员卢登秀则负责实际工作。暑期医药服务团的活动范围很广，"西起武侯祠、柳阴街，东到致民路、十二街，南从华西坝、锦江两岸一带，北至旧皇城坝

---

① 成都市武侯区政协文史资料委员会：《武侯文史集萃》，四川人民出版社，2000年，第205—206页。
② 戴岳、陈荣：《教育的探索和思考》，2014年，第336页。
③ 《华西坝风云录》编辑组：《华西坝风云录：纪念民主青年协会成立六十周年》，内部编印，2004年，第182—183页。

贫民区"①，他们为居民防病治病的同时，积极宣传保护城市、迎接解放的重要意义。通过这些活动，华大的学生们了解了最底层劳苦大众的痛苦生活；当他们看到有的人家竟睡在屋檐下的半张席子上时，不禁为这一贫如洗的悲惨情景愤慨，这也促使他们更快地投入革命洪流，谋求人民大众的解放。

1949年9月，人民解放军向西南挺进，势如破竹，聚焦在成都的国民党残部犹如惊弓之鸟，仓皇不定。当解放军即将入驻成都的消息传来以后，不少学校的学生思想激烈动荡：进步学生们无不欢呼雀跃，反动分子则惶惶不安，而中间学生还处在疑虑当中。基于这种情况，川大党组织和"民协"继续扎根在系级，最大化地团结广大师生，并广泛开展宣传和思想工作。对于受反共宣传而产生疑虑的中间学生，着重向他们阐明中国共产党的政策和主张，打消他们的疑惑和不安；同时还教育他们提高警惕，以防反动当局又对学生进行残酷镇压和屠杀。最后对于中国共产党党员和一些"民协"会员，则教育他们必须谦虚谨慎地继续战斗，努力克服轻敌自满的思想情绪，努力学习各种知识，为建设新中国做准备。②

2. 接管后校内师生的思想动态

成都解放以后，对于成都高校的恢复和接管尤为重要。曹振之和鲁光、杨明甫组成的军代表组于1950年1月7日进驻川大。当天，川大举行了庆祝解放和欢迎军代表的盛大晚会，掌声和欢呼声一直在校园里回荡。大部分师生都沉浸在成都解放的喜悦中，十分支持军代表接管学校。

1950年1月12日，以川西区文教厅副厅长温宗棋为组长的军管小组对华大实行军管监督。③根据时任西南局第一书记邓小平关于对教会学校

---

① 华西大学校史编委会：《华西医科大学校史：1910—1985》，四川教育出版社，1990年，第145页。
② 四川大学校史编写组：《四川大学史稿》，四川大学出版社，1985年，第368—369页。
③ 《四川大学史稿》编审委员会：《四川大学史稿（第5卷,）》四川大学出版社，2006年，第3—6页。

接管"现不过问"的指示,文教接管委员会对华大采取了维持现状的措施。直至1950年12月,中央人民政府政务院颁布了《关于处理接受美国津贴的文化教育救济机关及宗教团体的方针的决定》,西南军政委员会和川西区党委决定接办华大。1951年10月6日,西南军政委员会和川西区党委在华大操场上召开了庆祝西南军政委员会正式接办华大的典礼。西南军政委员会特派文教部部长楚图南来校祝贺,楚图南部长宣布将"华西协合大学"更名为"华西大学",并宣布任命刘承钊教授为校长,从而结束了华大与英、美、加三国各教会的一切关系。华大的师生们欢欣鼓舞,心花怒放。根据相关记载,一位华大的教授曾说,成都解放前,物价飞涨,货币贬值,老百姓怨声载道。国民党部队的残兵败将在华西坝四处游荡扰民,我们就把他们叫作"丘八"(由"兵"字拆开而成),这些"丘八"就像过街老鼠,人人喊打。现在,成都解放了,华大也回归祖国了,我们很激动,感到共产党真是非常伟大。① 由此可见,华大的大部分师生对于接管也是支持的,是认可和拥护中国共产党的。

但成都解放时间较晚,中外反动派影响大,人民受封建思想的影响颇深。在抗日战争时期,大批高等学校迁入西南地区,其中不乏由西方教会投资的学校,虽然一定程度上推动了成都教育事业的发展,但同时也导致了资产阶级思想的蔓延。再加上旧文化教育制度中存在大量反动腐朽的课程,许多大学生对党的政策方针不了解,对新社会不熟悉,所以一时之间校内部分师生思想上或多或少还存在一定的问题。

第一,部分师生还存在严重的资产阶级、小资产阶级思想。一方面表现在一些学生还保留着知识分子的优越感,看不起劳动人民,留恋过去的生活方式。另一方面体现在部分学生存有依赖政府的思想,坚持自己的家庭利益和阶级利益至上。而华大原为教会大学,其师生所受影响更为严

---

① 《艰难的奉献:杜心源纪念文集》编辑组:《艰难的奉献:杜心源纪念文集(下)》,四川人民出版社,2011年,第630—631页。

重。杜心源曾多次谈起这样一件事,新中国成立初期,他到华西中学(华西协合大学附属中学)参加教师座谈会,有人第一句话就问:"这个学校办了四十多年,是美国、加拿大合办的。你们有那么多钱?你们能办吗?"他回答道:"六万万人的中国我们都解放了,还办不了你这个小小的华大吗?"可见,华大的部分教职工还存有较为严重的资产阶级思想,对于中国共产党能否办好学校持怀疑态度。

第二,部分迷茫的大学生存留逃避政治的消极思想。新中国成立初期,川大校内迷茫彷徨的大学生和其他知识分子,既痛恨国民党的腐败无能,又对中国共产党的执政能力持一定的怀疑态度。于是,一部分人试图采取逃避主义思维,不问政治,不问时事,一头钻进课本。一时间,校园里充斥着关于逃避政治的诡辩声音:"什么是知识青年走的正确道路,革命的道路是解放人类改造人类的道路,但是,这样的道路我认为意义还不大,我想专攻工学,掌握科学技术,去解放与改造地球之外的宇宙,那不是更伟大吗?""不管别人走的是什么道路,我有我个人的路,我想专门学文学或者技术,对于政治那是没有兴趣的。"[①] 可见,这些迷茫的大学生还未真正认可马克思列宁主义,思想还未得到解放。

在接管初期所出现的这些非典型思想,并非川大和华大独有,而是全国高校大学生思想意识上普遍存在的问题。这些思想上的困惑迷茫对于即将进入社会主义新时期的大学来说,是一个极其危险的信号,因为这不仅影响大学生解放自身,还将严重阻碍人民政权的稳定发展。对于校内师生在接管后思想上存在的问题,军代表及校方通过政治学习、组织教育、义务劳动等多种途径开展了思想改造工作。通过学习运动,师生们划清了敌我界限,明确了是非标准,提高了政治觉悟。

---

① 《青春的活力——记第三寒假学园》,《川西日报》,1950年2月16日,第3版。

二、接管与改造四川大学和华西协合大学

1949年12月26日,中共川康特委负责人马识途、彭塞等同志返回成都,部署迎接解放工作。① 12月27日,国民党成都市政府在少城公园门口贴出公告,宣布成都和平解放。30日,成都彩旗飞舞,锣鼓喧天,万人空巷,成都人民举行了隆重的仪式,热烈欢迎贺龙同志率领的解放军胜利入城。

(一)接管与改造四川大学

1949年12月31日,成都市实行军事管制,成立"中国人民解放军成都军事管制委员会"。其辖属的文教接管委员会对全部公立高校实施接管工作,成立临时校务委员会主持校务,并依据"维持现状、立即开学"的接管方针,首先确保复课。②

1. 临时校务委员会的成立与军代表的进驻

在当时,对川大的接管,时任成都市军管会文教接管委员会主任的杜心源尤为重视。他亲自派出文教接管委员会副主任曹振之、鲁光、杨明甫组成军代表组于1950年1月7日进驻川大。不久后,又派出由高平、杜冠华等南下的青年同志所参加的工作组,配合军代表组工作。③

1950年1月7日,军代表曹振之、鲁光、杨明甫进驻川大并进行和平接管,在接管的同时与川大的党员、"民协"会员、火星社社员、"民青"成员等150多人举行了见面会。当天,川大校内还举行了有3200多名师生员工参加的庆祝解放和欢迎军代表的盛大晚会。军代表曹振之在讲话中

---

① 四川大学校史编写组:《四川大学史稿》,四川大学出版社,1985年,第369页。
② 《艰难的奉献:杜心源纪念文集》编辑组:《艰难的奉献:杜心源纪念文集(下)》,四川人民出版社,2011年,第629页。
③ 《艰难的奉献:杜心源纪念文集》编辑组:《艰难的奉献:杜心源纪念文集(下)》,四川人民出版社,2011年,第629-630页。

说:"同学们,黑暗的时代死亡了。从今天起,我们就是国家的主人和学校的主人了!"鲁光也兴奋地说:"经过这么残酷的斗争,还保存了这么多的革命力量,这是多么来之不易啊。"①

2. 机构设置与资产清理

1月14日,在军代表组的领导和青年同志工作组的协助下,四川大学教职员工联合会宣告成立。1月23日,四川大学学生会宣告成立。1月26日,学校还专门成立了清点委员会。1月28日,清点委员会主任曹振之向参加清点工作的同志报告清点工作的意义、政策和方法。2月2日,川大的清点工作正式展开;学校一连进行了十天的清点,对全校十几年来集存的文件、档案、图书、仪器、校具、账目以及其他资产进行清点造册,为向新的校领导机构移交做好了准备。② 2月9日,学校在这些组织基础上,还成立了由30人组成的川大临时校务管理委员会,标志着川大新的领导机构的诞生;随即,各院(系)也分别成立临时院(系)务委员会。③

9月,遵照教育部指示,国立四川大学正式更名为四川大学。

在这有条不紊的接管下,国民党长期统治下的川大终于完整地回到了人民手中,川大由此而展开新的历史篇章,走上新的发展历程。

(二)接管与改造华西协合大学

新中国成立后,对华大的接管和改造,经历了从允许存在到全面接管,再到全面改造的过程,华大的性质发生了根本变化,从一所私立的教会大学成为社会主义的公立大学。

1. 实行军事管制,建立学校新秩序

1950年1月12日,成都市军事管制委员会执行《中国人民解放军布

---

① 四川大学校史编写组:《四川大学史稿》,四川大学出版社,1985年,第370页。
② 四川农大校史编写组:《四川农业大学史稿:1906—1990》,四川农业大学出版社,1991年,第46页。
③ 江英飒:《校史文化与"川农大精神"》,四川大学出版社,2013年,第134页。

告》所规定的"保护一切公私立学校"的政策，委派以川西行政公署文教厅副厅长温宗棋为组长的军管小组对华大实行军管监督。[①] 接管结束后，军代表帮助学校建立新秩序，逐步进行相关改革。

第一，宣布了以下改革政策：（1）废除国民党在私立华西协合大学设立的政治机构（如训导处、男女生辅导组）和制度，取缔部分课程，帮助学校开设马列主义政治理论课，组织师生职工学习时事政策；（2）遵照1949年9月29日中国人民政治协商会议通过的《共同纲领》中关于宗教信仰自由的政策，规定宗教活动应在各教堂内举行，不允许在课堂内进行；（3）师生职工有权建立自己的组织，各种群众组织都应在共产党统一领导下开展活动。

第二，对学校的领导机构逐步进行了如下改组：（1）先后两次改组校董会，淘汰了有劣行的人员，补充了中外学者和进步人士，并明确了由校董会负责学校事宜和校产移交问题，同时取消由国外代表"托事部"担任的对华大具有管理权力的"校务长"一职，改设"西文秘书"，以保持同国外的友好联系；（2）成立了由校长主持，各学院院长、各系主任和师生职工代表参加的校务委员会（各学院、各学系相应建立了院、系务委员会）；（3）新聘请了一批教授出任院、系行政领导职务。

第三，开设了《新民主主义论》《社会发展史》等马克思列宁主义理论课程，建立了时事政治学习制度。新中国的成立激发了广大师生职工学习新知识、了解共产党的热情。学校除每周定时组织学习外，在假期中也作了安排。在中国师生的影响下，许多外籍教师也自发组织学习，还邀请中国教师给他们翻译、讲解报纸上的重要时事和文章。通过这些学习活动，广大师生职工对共产党和人民政府的基本方针政策和工作路线有了初步的认识，政治觉悟也有所提高。

---

① 《四川大学史稿》编审委员会：《四川大学史稿（第5卷）》，四川大学出版社，2006年，第3—6页。

第四，逐步建立了良好的教学秩序。华大在废除一批国民党党义和宗教课程的同时，对一般课程中某些不符合新民主主义文化方针及封建、奴化色彩浓厚的内容作了删改，并且注意听取学生对教学的意见，师生合作进行教学改革。同时，积极学习解放区办学的好作风，实行勤俭原则，节约办学开支。减少学生缴纳的学费，将其降至原来的一半，并开展了做工、种菜等各种勤工俭学活动，政府还对经济困难的学生按每人每月35公斤大米进行供给。学生们还参加了疏淘御河、改善城市卫生的义务劳动，以及医药服务活动等。在这些活动中，学校对学生们进行了劳动生产的教育，以培养其劳动观点和为人民服务的思想。

第五，建立了各种群众组织。按照全国学生联合会章程，重新组织了各级学生会。接着，成立了教师联合会和工人联合会。根据中国教育工会章程的相关规定，华大的教联会同工联会合并为教育工会，党领导的"民协"成员全部转为中国新民主主义青年团员，并于1950年1月30日建立了中国新民主主义青年团华西大学总支部委员会，选举原华大党支部负责人兼"民协"总干事唐开正为团总支书记。

第六，认真执行国家的外侨政策。对友好守法的外籍教师，争取并团结他们继续在校工作，尊重他们的风俗习惯和宗教信仰，允许他们在教堂或家里自由进行宗教活动。对个别不友好或不守法的外籍人员，则采取批评教育或驱逐出境等措施。①

2. 军事接管下的自我改革

军代表进驻学校后，在军管小组的监督和帮助下，华大逐步建立了新的秩序，并根据新形势新要求对自身做了相应的调整，明确了进一步改革的方向和措施。

1950年6月和8月，北京分别召开了第一次全国教育工作会议和第一

---

① 《四川大学史稿》编审委员会：《四川大学史稿（第5卷）》，四川大学出版社，2006年，第3—6页。

届卫生工作会议,为了执行上述两个全国性会议的决定,华大进一步确定了以下改革方向:

第一,对全体师生职工进行新民主主义革命形势和思想政治的教育,肃清封建买办的、法西斯主义的思想,树立为人民服务的思想。①

第二,在坚持"系统的科学实践与科学理论相结合,教学内容与新中国建设的需要相适应"这一课程改革基本原则的同时,要在教学上加强必修课,删除重复的、无利的和有害的课程。

第三,向工农开门,吸收工农干部和工农青年进校学习,以培养工农出身的新型医药卫生人才。

第四,加强计划性,实行统一和集中的领导。

1950年7月,华大全校师生开展了为期一周的"夏令营学习",主要讨论了第一次全国教育工作会议精神并研究如何贯彻。通过一周的研究学习和讨论,华大的具体改革措施出台:

> 停办乡村建设系,将其改为研究机构,并鼓励该系师生积极参加农村的清匪反霸、减租退押、土地改革等革命实践,将家政系改为适合我国实际需要的营养保育系;为了贯彻执行国家关于为发展农业,必须集中办好农学专业的方针,将华大农艺系和农业专修科等调整到四川大学农学院和西南农学院去。②

这些具体措施出台后立即得到了学校的同意和上级主管部门的批准,当年暑期便开始逐项落实。

此外,在全国第一届卫生工作会议上,根据新中国建设对卫生技术人才的需求,医学本科学制被确定为五年。华大校务委员会遂决定:将原入

---

① 《西南军政委员会文教部通知》(1950年11月28日),成都市档案馆藏,档案号:0044-00-84-31。

② 《四川大学史稿》编审委员会:《四川大学史稿(第5卷)》,四川大学出版社,2006年,第6页。

学时定为七年制的低年级学生的学制压缩为五年；已进入高年级的，适当缩短学制，采取过渡性教学计划，提前半年或一年毕业。同时，选择一批优秀学生提前毕业到卫生部统一举办的师资培训班学习，继续提高后从事教学工作。此外，为充实并加强中级卫生学校的师资力量，华大抽调了一批师生到雅安卫生学校和成都军区卫生学校任教。

上述改革举措的出台，是华大根据国家现实需要而作出的重大战略调整，从改革内容可以看出，这些做法紧密结合国家和社会需要，积极培养符合基层需求的医学人才，有效地实现了学校从精英化向大众化的转型。这也标志着华大开始迎来全新的发展历程。

3. 人民政府接办，更名为华西大学

1950年10月，抗美援朝战争爆发，中美关系全面恶化。美国宣布冻结中国在美财产，教会学校的经费来源存在严重问题。为了处理教会大学问题，1950年12月29日，中央人民政府政务院召开的第65次政务会议通过了《关于处理接受美国津贴的文化教育救济机构及宗教团体的方针的决定》，全面接管教会大学提上日程。1951年1月11日，教育部根据政务院的决定，发出《关于处理接受美国津贴的教会学校及其他教育机关的指示》，为人民政府正式接办教会大学奠定了政策基础。华西协合大学的全面接管之路也正式开始。

在收回教育主权、接办学校的过程中，川西区根据政务院的决定，于1951年1月4日再次派出以温宗祺为组长（后由董育才代理），李丙炎、陈沫、燕真为副组长的军代表组对华大实行军管。军代表组进驻学校之后，首先抓了政治学习，并制订了学习计划。该计划要求每周安排一天时间进行政治学习，要兼顾时事政策学习和理论学习，理论学习要以《新民主主义论》和《社会发展史概论》为主要内容，时事政策学习要以进行反美爱国、收回教育主权、积极迎接政府接办学校的思想教育为主，同时要把开展反美爱国教育同提高教学和各项工作质量结合起来。

与此同时，华大的校产也经过了认真系统的清理。在思想清理方面，早在朝鲜战争全面爆发之后，华大的师生职工就和全国人民一道掀起了反美爱国的热潮，比如举行了示威游行，举办了帝国主义在华进行文化侵略的图片展览，召开了控诉美帝长期侵华罪行的大会等。通过以上活动，师生职工普遍增强了爱国主义热忱，自觉清理了媚美、崇美、恐美等思想的影响。

总之，在一年多的时间里，人民政权在华大进行了深入细致的思想政治工作和马列主义理论教育，调整了管理体制和组织机构，初步改革了教学工作，系统地清理了校产，妥善处理了外事关系，从而完成了由人民政府接办华大的各项准备工作。最后，经中央人民政府批准，华大于1951年10月6日举行了庆祝接办的盛典。在这次盛典上，西南军政委员会文教部部长楚图南郑重宣布：中华人民共和国政府接办"私立华西协合大学"，接办后学校命名为"华西大学"。① 经政务院批准，委任原华大自然历史博物馆馆长、我国著名生物学家刘承钊教授为校长。西南文教部楚图南部长当场向刘承钊颁发了校印。刘校长作了题为"办好人民华大"的报告，并委任教育部司长傅克和军代表董育才为学校正、副秘书长。会后，全校师生职工和来宾、校友一道，热烈举行了各种庆祝活动。当晚，学校还在第一广场燃放了五彩缤纷的焰火，举行了数千人参加的火炬游行。这一天，"私立华西协合大学"退出历史舞台，新的"华西大学"横空出世。

这一幕，正如1950年《华西大学校刊》中所称："今日时代鼎革，已为人民的世纪，一切都带着新的气象，欣欣向荣。"②

结　语

1949年，全国各地获得解放的消息，不断地冲击着成都。在成都解放前夕，川大和华大的进步师生与学生社团，不惧生死，在中国共产党的带

---

① 《西南文教部接办成都华西大学》，《新华日报》，1951年10月12日，第3版。
② 郑尚维、石应康：《四川大学华西医院暨临床医学院史稿》，四川辞书出版社，2007年，第63页。

领下，凭借一潮接一潮的社团组织活动，与摇摇欲坠的反动当局不懈斗争。最终，1949年12月，各路解放大军逼进成都，成都人民终于迎来了解放。

政治变革必然会带来教育变革。新中国成立初期对川大以及华大进行接管和改造的这段历史，向我们展现了校内师生的思想变化轨迹，也展现了他们在解放前英勇斗争、解放后积极建设新中国的行动轨迹。事实证明，新中国成立初期对高等院校的接管与改造是正确的，也是成功的。

回顾这段历史，无论是中国共产党的燎原之势，还是进步学生社团的斗争之姿，都在成都这片土地生根发芽，激励了一代又一代青年学子。而在那个动荡的年代，无论是进步学生社团的成员构成，还是中国共产党领导的抗争活动，以及后来的院系调整和人才流动，川大和华大都是密不可分的，可以说是命运与共。通过新中国成立初期的接管与改造，川大实现了由半封建半殖民地旧大学到社会主义新大学的转变，华大也从一所私立的教会大学成为人民的大学。

值得一提的是，在接管与改造结束后，川大和华大全体师生革命热情依然高涨，而面对近在眼前的征粮剿匪工作，在党中央的号召下，在川西区党委的直接动员下，经过青年干部培训班的教育，川大和华西学子们纷纷自发投入西南地区的社会建设中，坚定不移地奔赴征粮剿匪工作一线，为征粮剿匪任务的完成作出了不可磨灭的贡献。

附录二 征粮剿匪档案史料选登

中央关于新区筹粮的规定

(1949年3月21日)

第一、二、三、四野战军前委，华东局、中原局、西北局、太原总前委：

一、大军南下进入新区后，民主政权尚未建立或刚刚建立，公粮制度一时尚不能实行，除以缴获粮及伪政府屯粮拨充军食，当地如有地方公产收入之存粮亦可尽先借用外，不能依赖后方供给，主要地必须采取就地征借办法，解决军队的粮草供应问题。征借的粮草，将来再另订办法拨还或顶交公粮；届时亦可宣布大地主、大富农所借出之粮食，即做（作）为征发之军粮，或只顶还其一部。

二、根据合理负担的原则，征借的主要对象是地主、富农，其次是中农。按其粮食总收入作标准，地主征借百分之四十到五十，富农征借百分之二十五到三十五，佃富农征借百分之二十，中农征借百分之十到十五，贫农一般不借，只有在不得已时，才可少借一点。马草根据需要按一定比例随粮附加。在群众尚未发动的新区，这一规定之全部实行，固属尚难保证，但这种原则规定还是必要的，目的是避免不分贫富平均摊派，或对地主、富农行借过多，打击过重。

三、南下的部队可以团为单位，在政治部领导下，由随军地方工作人员及供给人员组成粮秣工作队，负责筹粮。当地保甲长及差务处之类的组织，凡可利用者均利用之，配合以民主评议，进行征借。粮秣工作队则一面监督他们，一面到群众中去宣传解释我们的借粮政策（当然也要宣传其他各种政策），检查保甲长或差务处对借粮政策的执行情况，并核对其帐（账）目，责成他们在当地群众中公布之，防止他们贪污中饱。无保甲长或差务处可资利用者，则由工作队直接办理征借。

四、在新区，应坚持财粮制度，爱护人民的财富，反对浪费，严禁以粮食换各种物品。粮秣由工作队按规定发给各伙食单位。不经过粮秣工作队，任何人不得直接征用粮草。为此，最好以军区或野战军为单位，印制统一的借粮证，由粮秣工作队统一填用。粮秣工作队有供给部队粮秣之责，也有检查粮秣开支之权。各伙食单位要向粮秣工作队报销。工作队也应有粮秣收支的详细帐（账）目，备政治部及部队首长随时检查。

五、征借粮秣时，一面要保证部队需要，另一面也要照顾到当地的负担能力，并注意了解有无部队征借过及征借了多少，据此才能决定征借的数量。同时要尽可能地分散征借，不要只顾一时方便而集中一地征借，免使群众一次出粮太多，引起反感，并影响后来部队无粮可借。

六、部队进入城市，则主要依靠缴获解决军粮，如缴获不敷而又无粮接济，可经过商会向粮商暂时借用或定购短期的粮食，再由商会负责筹款折价偿还。

中央　寅马

——中央档案馆：《中共中央文件选集》（第18册），中共中央党校出版社，1992年，第187—180页

克服财政经济的严重困难[①]

（1949年8月8日）

目前全国财政经济在困难中，尤其是南线更困难。这是胜利中的困难。从根本上解决这一困难，要靠军事上的彻底胜利。

解放战争还在广大地区进行。作战费和六百多万脱产人员的费用，很大部分是依靠发行钞票来解决的。到七月底，人民币的发行总额为二千八百亿元。在支出中，占比重最大的是吃和穿。上海是个工业集中的大城市，目前困难很大。但是，应该看到，这种情况会逐渐改变。今冬明春如无特殊情况，全国除台湾、西藏、西康、新疆及青海的一部分外，都可以解放，解放区的人口将达到四亿四千多万。要预见到这种情况。我们不但要注意克服目前的困难，而且要从全国范围来考虑财经问题的解决。否则，就要影响到国计民生。

我先讲讲上海目前的困难及解决困难的意见。

一、敌人封锁问题。我们要准备帝国主义的长期封锁，不仅是目前的军舰、飞机、水雷的封锁，在经济上也要准备他们不买我国出口的货物，不卖给我们需要的东西。当然，他们不可能把我们完全封锁死。从香港多少可以进出一些。广州解放后，南边即可有一条通路。帝国主义之间有矛盾，我们可以利用，你不做生意，他还要做生意。北方也有通路，天津可以出，大连可以出，满洲里也可以出。有些东西可以让外商代销一下。我

[①] 1949年7月27日至8月15日，由陈云同志主持，在上海召开了有华东、华北、华中、东北、西北五个地区的财经部门领导干部参加的会议。这是新中国成立前夕一次重要的财经会议。本文是陈云同志在这次会议上的讲话。当时陈云同志是中共中央政治局委员、中央书记处候补书记，主持中央财政经济委员会的工作。

们要准备赔些钱。为什么要赔钱呢？因为出口货物的价格决定于国外市场，而不决定于国内的生产成本。在财力许可的条件下，要从农村收购主要的出口物资，以便维持农村经济，这对农民有很大好处。

二、工厂搬家问题。这件事情要慎重。应将解决目前困难与全国长期建设看成两回事，分开来处理。不能因为目前有困难，就把许多工厂搬走了事。要完全具备搬厂的经济条件并不容易。例如，从原料的供应来说，纺织厂可以搬到棉花产地，但工厂生产需要有适当的厂房，还需要有电力、机械等有关的企业与之相配合，这些条件棉花产地就不一定具备。估计上海工业的主要部分不能搬，目前应力争维持生产。

三、粮食问题。现在粮食价格的上涨幅度，超过一般商品的一倍或一倍以上，如大米比纱布、猪肉、鸡蛋、胶鞋等的上涨指数平均超过一倍。粮食价格上涨，影响工业生产的成本，也影响其他商品的价格。维持上海的大米供应，每天至少需四百万斤（五百五十万人，每人每月平均二十一斤半）。现在面粉比大米便宜，吃面的人较过去增加了一倍，市场上每天销出的面粉，估计可抵八十万斤大米。另外，近来每天上市的大约八十万斤。还有我们每月配售及卖出的大米有三千万斤，每天一百万斤。三者合计，每天约二百六十万斤，尚差　百四十万斤。不足部分，是靠上海市民在国民党占领时储备的"应变米"补充的。当然，市民自己储备的米并不多。将来粮食调剂得好，可以补救"应变米"的不足。上海米价最高时为七月十八日，现在低些了。估计今年米价的最高点可能已经过去，但我们仍应作万全的准备。常州至嘉兴一带的早稻较江南一般地区迟四十天登场，但常州以西、芜湖以及皖北的早稻已经下来了，价格比上海低。如这些地区的早稻能运来，再隔四十天，常州至嘉兴一带的早稻接上，粮食的供应就可以解决了。退一步讲，即使上述地区的粮食运不来，也有办法。现在准备从东北、华中、华东三个地区调来一亿二千万斤粮食，九、十两个月各六千万斤。根据两个月来的配售与市场情况，每月六千万斤可以够用。华东地区不要禁止粮食运到上海来。听说皖北、常熟、无锡等地禁运粮食，如果确有这种情况，应该改变。华中对华东也不能封锁。各地一定要开放粮运，让它自由流通，以维持上海的供应。明年计划在常州、嘉兴一带集中六至八亿斤大米，随时应付上海之需。如果明年水灾严重，则以东北的粮食为后盾。

四、棉花问题。这几个月纱厂生产能维持现状，每周开工三昼夜到四昼夜，就是好的。八至十一月，每周按四天生产计，共需棉七十九万担。其中，中纺三十六万担，上海私纺四十万担，青岛私纺三万担。棉花的来源：中纺在上海现有二十三万担，在香港存有二万担；私纺在香港存有十万担，还可在那里买五万担；上海贸易处存一万四千担，前经济合作总署存七万二千担；华东可以买十八万担，华北可以买十万担，西北可以买三万担。以上合计为七十九万六千担。新棉收购计划即将布置下去，希望十一月底能开始拿到手。明年准备把农村妇女手工纺线缩小些，以机器纺纱来代替，用降低布价的办法来补偿农民的损失。预计明年在华北、华中、西北三地共可购棉三百万担，华东自己再收购一百八十万担，共计四百八十万担。如果能够买到这些数目，则明年纱厂的开工情况不会比今年坏。收购数量由中财委摊派，各地公营企业要联合私营企业共同采购。组织购棉这件事情，担子很重，但只要大家齐心合力，是可以办好的。各地应大力援助华东。有了棉花，还要估计到明年纱布可能外销不了，内销也可能成问题，此事以后再作研究。

五、运输问题。运来上海的东西（主要是煤、粮、棉）多，从上海运出去的东西（主要是纱布、纸烟等）少。最大宗的，是煤炭的运输。从铁路运输看，困难大大超过东北。浦口轮渡有困难。蚌埠至浦口一段，现在只能开十四五对列车，要争取开十六至十八对，保持煤七，粮三，军用二，余为其他货运和客运。现在徐行及错车距离长，行车速度慢，调度不灵，通讯设备不够。今后应缩短徐行和错车距离，加添车站的错车点，放长支线，增加通讯设备，加快装车卸车，使列车停留的时间尽量缩短。铁路调度人员要很能干，因为货物来自各地，管理系统又不统一，调度十分困难。华东财委要把运输看成一个重要问题，好好组织，设一个专门机构来管理这一工作。华东局要专门讨论这个问题。此外，防空也很重要，一方面要配备防空武器，另一方面要适当疏散，避免列车过分集中。总之，运输是一件大事，这个问题不解决，上海煤、粮、棉的供应都会很困难。

六、工业生产问题。力争上海主要行业（纺织、印染、纸烟等）的开工率维持到三分之二。华东的纸烟可到全国各地去销，使上海的卷烟厂尽量恢复生产，以增加税收。面粉厂可以继续生产。五金机器工厂多，但也只有一万多工人，修铁路、造船可以利用这些工厂。这些设想，不一定都行得通，但可以做做看。旧上海那种公务人员与商人勾结起来，贪污舞弊，投机倒把的局面，不能再让它存在了。改造旧上海，主要的是使生产事业得到恢复和稳步发展。

七、金融问题。现在关内的钞票统一了，在处理金融问题时，必须有全局观点。一个地方物价上涨，必然会影响其他地方，抱怨是没有用的。个别地方采取"自卫"办法，即用提高价格来限制物资外流的办法，是用不得的。只有让物资自由流通，物价保持平稳才行。在财政上，一定时期内还有比较大的地方性，但地方如果都各自打算，分散使用力量，就不能应付目前这个局面。现在把所有后备力量统统集中也不可能，但主要的后备力量，必须有步骤地合理地统一使用。有人提出，两广、西南可以另发票子，说这是为了照顾后方，对后方有好处。但是，如果这样做，前方是否受得了呢？这种票子与人民币的比价假如不变，等于是一种票子；假如常常变动，则对前方的物资供应会发生很大问题。现在决定一切是部队打胜仗，我们所有的工作都必须是为了战争的胜利。现在是大兵团作战，需要发的票子很多，不是抗战时期的那种小局面了。所以，像抗战时期那样，发几种票子，既可照顾后方，又可照顾前方的办法，已经不再适用。

下面我再讲讲在全国范围内如何克服今年秋季的财经困难，力争明年财经状况好转的问题。

为了保证今年秋季的支出，八至十月每月需发行一千六百三十三亿元人民币，以七月底二千八百亿元为基数，每月发行指数增加百分之五十八。假定其他情况不变，则物价也将上涨百分之五十八。这些发行，主要是解决军费开支及修复现有铁路的费用，还没有考虑到工业的投资和农产品的收购。十一、十二月除军费外，要收购棉花和出口物资，两项合计每月需发行一千六百九十二亿元，还须另外筹划。物价上涨指数是否可能降低？到冬季，由于解放地区扩大，农产品上市，工业生产的恢复和纱布的推销等等因素，物价上涨率有可能降低。按保守的估计，可能降低百分之二十左右。这样，物价上涨可能只有百分之四十左右。开支能否少一些呢？不能。首先，军费不能减，减少了就不能保证部队的需要。其次，为收购棉花和出口物资而发行的票子也不能减，减少了农工业生产都会有困难。当然，提倡节约，可以省一些，但数目不会大。

面对这种情况，怎么办？无非是两条：一是继续发票子，二是发行公债。在北平时，曾有此议，中央让我们开会商量决定。华中已提出发公债，而且数目还很大。现在各大区负责同志已赞成发一点公债，请到会同志再考虑考虑。假如只走前一条路，继续多发票子，通货膨胀，什么人都要吃亏。实际上有钱的人，并不保存很多的现钞，吃亏最大的首先是城市里靠薪资为生的人，其次是军队，以及党政机关的人员。少发票子就得发公债。

公债发多少呢？预计一亿二千万银元或二千亿元人民币。有的同志主张多发些，我倾向于发二千四百亿元人民币（包括收购一部分黄金外汇）。发行公债主要是在城市，新区的农村市镇也发一些，以便帮助推行人民币。中国地方如此之广，发一亿二千万银元的公债，数目并不算多。蒋介石剩下那么一点地方，还要发行二亿银元的公债。他在历史上每逢到了没有办法时，就搞这么一下。东北四千万人口，私营经济所占比例较关内低得多，两期发一千二百万银元的公债，第一期已经按期完成了。关内私营经济占的比重比东北要大得多，公债数目可以定大一些。

当然，发行公债也是有困难的。目前工商业还不能正常生产和经营，公债派下去会"叫"的。发了公债,城市工商业是否会垮?我看不会,因为每月发行的钞票超过公债收回的钞票。现在我们每月发行现钞一千六百三十三亿元,而发公债收回的只有六百亿到七百亿元,这是有限度的收缩,不要顾虑筹码会少。我们到时候看情况,如果紧得不行,就后退一点。现在拟了一个发行办法,请大家研究一下。发公债各地区动作要一致,否则此宽彼紧,有人会钻空子。公债要折实,以牌价为准,有借有还。偿还期限,初发公债时短些,三年分期还清,每年还三分之一。能不能今年不发,明年再发?看来不行。等明年发,目前的困难不好解决。当然发公债也不能解决全部问题,还要努力搞好整顿税收、精简节约、调剂物资等方面的工作。

关于明年的收支计划,按解放区人口将增加到四亿四千五百万计算,初步的设想是:

收入方面。公粮共一百九十三亿斤(大米一百零五亿斤,小米八十八亿斤)。各区分配数字如下:华东六十五亿斤(大米四十五亿斤,小米二十亿斤),华北小米三十亿斤,华中四十五亿斤(大米三十亿斤,小米十五亿斤),两广大米十亿斤,西南三十亿斤(大米二十亿斤,小米十亿斤),西北小米十二亿斤。

税收按七月底物价计算,共收一万七千五百零二亿元。几个地区的情况如下:华东七千一百亿元(其中上海三千五百亿元,一个上海顶五个天津),华北一千八百亿元,华中二千二百亿元,西南一千八百亿元,西北四百八十亿元,两广一千八百亿元。

这一计算,是根据天津的税收及各地人口的比例而拟定的。东北因为实行另一种货币,不好统一计算。计划明年从东北调进关内的物资,计有二十万吨大米,十万吨大豆,五十万吨杂粮,二十万吨钢,一百五十万立方米枕木。

支出方面。按九百万脱产人员每人每年的需要折合三千斤米计算,其中三分之一用粮食供给,共需九十亿斤;三分之二用货币支付(大米按每斤一百五十元，小米每斤六十元），共合二万三千一百六十亿元。另外，事业费支出计七千四百六十亿元。

上述公粮收支相抵，剩余一百零三亿斤，合人民币一万零二百三十亿元。经费开支货币部分共三万零六百二十亿元，用税收和剩余粮食抵补以后，还有赤字二千八百八十八亿元。

大家会说，这个预算还有问题，就是有赤字，而且没有把预备费打上。是的，有这些问题。但是，努一把力，这些问题是可以解决的。目前最要紧的有两件事：一是公粮要征得好，二是税收要整顿好。老区过去公粮负担很重，老百姓希望减轻一些。新区工作无基础，还不能按老区的标准征收。因此，老区今年还松不得。老区松了，新区又接不上，就成了问题。

现在定的这个税收数目，有可能完成。根据在哪里？过去大城市多数不在我们手里，农业税占总收入的四分之三，现在我们有了大城市，情况有了改变。东北地区，税收以及公营企业和对外贸易收入，占整个收入的四分之三，而公粮仅占四分之一。华北地区，税收已达总收入的百分之三十八，今后要争取达到百分之五十。由此可见，有了大城市，和没有大城市是不同的。过去说敌占城市我占乡村，在经济上是敌强我弱，道理就在于城市的收入优于乡村。我们应该逐渐增加税收的比重。努力收税，是解决财政赤字的一种办法，靠发行票子来弥补财政赤字也是一种办法。这两种办法不同，结果也不一样。原则是，应该发行的就发，而且要早发。例如东北，随着物价由不稳定达到相对稳定，许多商业投资转到了生产领域，同时钞票的储藏性能增加了，这样，货币的周转减缓了，市场上感到筹码不足，需要增发票子。发行的结果，物价并未上涨。抗战前，全国的货币流通量（包括地方币）为二十多亿银元。经过了十二年战争□之后，生产与货币流通不正常，发行量应该少一些，假定打两个对折，还应有五亿多银元。可是，现在我们发行的人民币，只相当于一亿至一亿二千万银元，数目还是很小的。我们的税收数也不大。特别是在一个发展的环境中，加一点税不会出大问题。如果赤字不大，可以用增加税收的方法，努力求得收支大体平衡，以便使经济走上健全发展的道路。到那时，货币比较稳定，发了票子物价不上涨，就大有文章可做。

银根松动了，会促进生产发展，同时就增加了税收。这样，预备费也有了，工业投资也有了。

最后提一下剿匪和发动农民的问题。

剿匪和发动农民，对完成财政经济任务作用很大，党、政、军都要抓好这两件事。当然，贸易工作和税收工作也要抓紧。对于干部下乡，我很赞成。还要注意物资下乡。现在农村多以米计价并作为交换手段，我们把土匪打掉，农民发动起来了，农村的经济阵地就可以展开，人民币就可以占领市场。一是政治，一是经济，两者需要很好配合。

明年我们有了四亿几千万人口的统一的地区，这是民国以来任何时候都没有过的。军事形势发展很快，我们一定要有充分的精神准备，否则，各项工作就会落后于形势，处于被动。

——陈云：《陈云文选》（第2卷），外文出版社，1999年，第1—8页

川西北临时军政委员会
关于进入成都几个主要问题处置的报告

(1950年1月9日)

西南局并中央：

关于进入成都几个主要问题处置的报告：

一、进入成都的特点：我军于30日进城，工人学生及广大市民夹道欢迎。原王缵绪治安总部及郭勋祺保卫军总部均负责维持秩序，邮电未断，交通照常，商业照常营业，破坏抢劫火警鸣枪等事均少发生。旧官吏除王陵基及省府各厅主要人员并携带一批黄金逃走外，其余人员及档案文件大体完整保存，希望今后仍有饭吃。特务人员因无路可逃，亦大部仍潜伏成都及其附近，并有一批已开始自动向我坦白；另一部则藉起义军为掩护进行活动。向西南突围被歼漏网之军官，如盛文、孙元良亦潜回成都观我动态，曾扩情经一材料证明亦不愿飞台。上述情况之产生，是由于我党在中国已经取得了基本上的胜利，反革命阵营分崩离析。因此许多反革命次要分子甚至首要分子（……）表现一种希望我党对他们能够宽大对待，保全生命财产给以自新之路。在我们进入成都后，情况很不熟悉，且不熟练城市工作。

二、依据上述情况，我们考虑：为了顺利进行接管便于安定秩序进行各项工作，因此在接管工作上，确定采取逐步的并有区别的对待各种旧官吏及公教人员、特务组织及反革命动摇分子的方针。

1. 对于旧官吏及公教人员确定暂时均按原单位维持生活使用，参加迫切应做的工作。除部分上层机构如民政、财厅、建设、市府等立即接管以便于发号令外，下层税收、田粮、银行、水利、交通等部门均暂时全部利用进行各项工作，只委派缺额之正副局处长或军事代表监督执行工作。

在各部接管中规定先行了解情况，发现其中不同人事情况再行接管。以后除特务分子、反革命罪恶分子及贪污分子需处置外，其他人员再分批集中训练另行分配，暂时则仍留各部门不集中，因省市两级公务人员即有一万二千人。

2. 对警察、宪兵、特务等组织，确定对原警察局系统先派军事代表，一面监督其继续维持秩序，一面清查特务组织。原保警大队均集中训练，普通警察则徒手服务，四个宪兵团均开出城外改编；对特务，则采取个别坦白运用，了解全盘情况后再颁布处置办法。目前尚未捕人，因恐打草惊蛇，至隐蔽于起义军队中者，拟在改编部队时处理之。

3. 对保总、治总采取一面承认其对保护成都有功，一面令其结束工作，原名义取消。治总临时抓取胡匪的直属各部均按系统交我军改编。保总无部队，一部分工作人员中有几个党员同志领导，拟分配到起义部队中工作。

4. 对潜伏或潜回之反革命分子（如盛文、孙元良等），亦允其投案报到立功自赎，散布在城外者亦同（如……）。

三、关于成都地下党的组织：据了解尚保存约二三百人，共分三股。一股是马识途同志，原市委领导下的党员约百余人；一股是大邑地区川康边区临时工作委员会，党员约百余人并有部分武装，一股是胡春甫、罗懋祺，田一平领导军队统战工作的党员数人，有临时省委组织，据说未获得批准，与川北党有联系。仁寿组织有部分武装，成都有做统战工作关系数十人。我们到此后曾与马、胡、罗二股开会师大会，承认他们在工作中的成绩，并确定将原马识途领导下的党员大批接收参加接管工作及群众工作，胡、罗领导下的同志参加起义部队工作。因为过去几股是分散活动，加以缺乏学习机会，两部分党员中表现有隔阂。虽经会师鼓励及工作岗位的确定，但彼此间隔阂仍然存在，仍待继续调整。川康边区临时工作委员会尚未会面，拟与他们会面后即拟分配参加川康边地区工作（地下党员情况另行报告）。

四、在乡村政权方面，现在有下列三种情况：一种是我军占领区，县长大部逃走，我即委派县长。一种是国民党起义部队驻扎区，如温江区专员县长均在，故决定暂时派军事代表监督进行筹粮军勤工作，俟起义部队走后再调换。另一种，敌我均无县长地区，地方士绅和我党个别党员或与我党有联系的分子组织治安委员会（也有些坏分子混入），我除直接委派县长，对原有人员除承认其维持治安有功外，并暂时用其继续做支前工作，俟各界人民会议召开即将其转化，坏分子清除。现在严重而又急迫的是粮食问题。成都周围及城内吃粮人数约在五十万人以上，因起义军尚不能立即分开，至温江地区几个县粮食异常困难，人民曾派代表请愿。成都市亦因周围军队驻满，军队食粮曾向本市暂借十天，并同时分配军队筹粮地区疏散部队及非城市工作人员就粮，亦仅能勉强维持，但时间拖久乡村与城市均将发生严重问题。现在拟疏散起义军队办法解决些问题。

五、关于成都的统一战线：我们感觉比较复杂，而且均集中于成都。此地有民盟盟员数百人，民革会员数目不详，民盟有我党员参加活动……与我党有关系的大批士绅及旧军官亦来接头，每日络绎不绝；主要找关系感情连（联）络，亦有找职位希望共产党加以照顾。上层刘、邓、潘、熊数人，贺曾亲自会面，熊对我党现行政策表示拥护；刘、邓、潘关心职位及军队问题，贺曾暗示可到高级政府中工作。西康问题拟日内再谈。我们拟一面先召开工人、学生等代表座谈会；一面准备名单召开一次各界座谈会，进行宣传与安慰工作。但对于统战整个情况及政策则缺乏系统的研究，且无一适当人选充此责任。请西南局能否派一至数个同志来暂时帮助进行这一工作。以上意见妥否请示。

（原件存中央档案馆）

——中共成都市委党史研究室等：《接管成都》，成都出版社，1991年，第36—39页

川西剿匪紧急指示

（1950年1月27日）

川西北虽已解放，但残余敌人及特务、惯匪、散兵、游勇等仍然散布各区，为数在三四万人以上。近日来已开始大肆活动，松潘、平武、青川地区尚集有景嘉谟、樊廷横、田中田等三股残匪六七千人。所经之处，人民十室九空；绵阳、南江两城先后遭敌袭击。德阳东二里之菜地，居民曾一夜被劫四十余户。眉山分区匪情则更为复杂，政治性土匪约万人以上，该地解放后，仅蒲江、邛崃即已发生抢案二十余起。另有些武装，则白日为自卫队，夜间奸淫、抢劫。至于小股散匪拦路抢劫，潜伏特务造谣破坏之事，更不断发生，如不及时迅速处置，势将使人民遭受更大的损失。

根据以上情况，为迅速剿灭散匪建立革命秩序，保护人民生命财产，完成筹粮任务和生产，望各部接电后，立即依照既定剿匪布置即展开剿匪工作。各部在执行此一任务时必须：

一、确实掌握党的政策，执行"首恶必办，胁从不问，立功受奖"原则。根据不同情况、不同对象，加以分别处理。对散居各地之股匪应普遍实行招降，凡自动放下武器者，准予其立功自赎，由各分区集训，尔后酌情处理；对罪大恶极继续作恶之惯匪则坚决歼灭之，对伪地方保安队等武装应派干部掌握，进行集训，经短期教育后进行改编。临时集中的自卫队则遣散回家生产，如我目前力量尚不暇顾及之地则可暂时不动，令其集合一地听候处理，切实遵守人民政府法令，不得有任何扰民行为；对本地散兵游勇，应组织收容，经短期教育后再组织生产，或遣散回家生产。关于民间枪支，不得乱收，亦不应急于收缴，可缓一步处置。

二、剿匪与发动群众相结合，组织广大人民参加剿匪斗争，报告情报，检举特务，开展政治攻势，进行争取瓦解工作。特别是散在各地之土匪、特务，必须依靠群众，发动群众才能肃清。

三、对于股匪要有组织有计划进行清剿，确实掌握情况，不怕疲劳，不畏艰苦，实行远距离的奔袭，采取多路合击，切实断其退路的战法，务求一举歼灭之；如遇匪撤退、逃窜，则连续的猛追穷进、不歼不止。

——西南军区《剿匪通讯》，1950年第1号，第13—14页

川西军区二月二十五日发布的剿匪应注意事项

（一）采取夜行晓击，多路合围，不乱打。

（二）力求动作秘密，突然，一举包围，不使一人漏网，如匪逃窜，则猛追穷追，如匪化整为零，则进行驻剿，挑剔匪首。

（三）各部队间应切取联络，互通情报，密切协同。

（四）部队所到之处，实行人人宣传，村村宣传，召开群众大会，宣传征粮剿匪政策，特别向群众说明不剿灭土匪即不能进行春耕生产，号召群众一致协同剿匪，同时亦注意展开统一战线工作。

——西南军区：《剿匪通讯》，1950年第1号，第16页

川西剿匪经验

(1950年3月6日)

一、大匪之骚动不是偶然的，而是国民党溃散在思想上、组织上、军事上早有准备，特务从中煽惑策动的一种反革命政治阴谋，早在去年五月，蒋匪即在成都设游击干训班，先后训练达三千人，分散各处活动。在我军未展开前乘隙大肆活动，结合反动地主、在乡军人和袍哥、会门、悍匪等，并纠集一部分溃散了的正规匪军，以抗粮、保粮、保枪、保命为号召，如"打到解放军三年不纳粮""四川人不打四川人"等，挑拨我之军民关系。又造谣说解放军要抽壮丁打台湾，"国际反共同盟"已成立同盟军，日本出兵攻击中国大陆等，进行欺骗宣传。并威胁群众入伙，如不从则杀人烧房，并向保长下命令每甲抽一人一枪，带枪出粮。将乡编成大队，保编成分队，甲编成班。分为突击队（又叫主力兵团）与守卫队，前者以悍匪、叛兵、乡警组成，相当顽强，后者以保甲所抽之人员组成分布各村。在战术上提出乡保之间互取联系，一处打与到处打，避免单独行动。进攻要行动一致，最忌孤军深入，避免临阵分散。各小组务必活动于有掩护（袍哥或起义军）地区，地主袍哥为首之匪，倾家荡产组织供应（如陈利石家设医院、棺材铺）。各处之匪均与蒋胡匪特有联系。一般都打反共救国军，自卫救国军等旗号。

二、自二月廿六日我川西军区开始，对成都以西各县大举进剿以来，至三月四日一周简计，毙伤匪首，温江、郫县、灌县三县总指挥陈利石，副总指挥黄成柱，周德成，秘书长陈公柏，乡队长陈华（均击毙）以下五百一十余名，生俘陈利石之参谋长陈大洲、反共自卫团头子李吉安等以下二千七百二十余人，缴获战防炮四门，平射炮一门，轻重机枪二十五挺，长短枪七百八十五支。

三、军事上几点经验：

1. 合围某一个匪区时，以精干部队秘密迅速锁隙，突然插入匪首脑机关，以及突击队所在地捕捉歼灭之。

2. 如果我军沿路展开，从外向内逐层打入，主要匪徒即进行潜逃，收效不大；应该先以精干之小部队突入一村，吸引周围之匪来攻，然后以我全力将匪包围，内外夹击而歼灭之。

3. 向匪特进行袭击时，应用较大兵力，同时袭击数点，若兵力少，以一两个营单独行动，一面用推进战法先打一处然后转用兵力打其他各点不易打倒之匪。

4. 我小部队如非任务需要，不宜与多数之匪恶战，应根据情况，灵活处理，这时脱离匪特；并要强调沉着，严肃军纪，不乱打枪，不能在子弹殆尽情况下被击消灭。

5. 匪特之最大弱点，为不能离开一定地区，如脱离当地，群众绝不相随，亦带饭吃。清剿时除打扫战场进行搜索外，不宜将部队全部分散，挨村挨户搜索，因其效果不大，且易犯纪律；应以一部分部队控制要点，主力集结机动严密组织侦察，发现目标即奔袭合围，配合政治攻势，号召匪特没收缴枪。

6. 匪特残酷胁迫群众，群众有怕与恨两种心理，基本上欢迎剿匪，拥护我军。故积极从群众中获取情报很重要。

7. 匪特裹胁之群，众多为乌合之众，一打即跑，尤其枪炮；但悍匪多亡命之徒，相当顽强，常固守碉堡顽抗。因此匪毫不足畏，亦不可轻视，制造无谓伤亡。

8. 守卫交通要点之部队，应在公路桥梁两侧适当距离内修筑碉堡工事，如修在路上，作用不大，因公路两侧附近村庄竹林很多，容易藏匪。

——西南军区：《剿匪通讯》，1950年第1号，第16—18页

邓小平在中共中央西南局委员会第一次会议上的报告提纲[①]

（1950年2月6日）

（一）我们在进入西南之先，曾对西南情况作了一般的估计，并拟定了一般的政策和步骤：

军事上，由于我军各路进展均快，特别是大势所趋，敌军大部起义、投诚，战事很快结束，超过了我们的预计。我们对于敌军的瓦解政策（包括"四项忠告"），沿途地方团队，允其立功赎罪，暂维持地方秩序，不采取单纯收枪遣散的办法，现在看来这种处置是正确的。

沿途利用旧人员和地方上比较开明的人士，组织解放委员会或支前委员会等类的组织，保甲长照常供职，这个办法也收到良好的效果。

我们的少数民族政策，得到了少数民族的拥护，贵州苗族首先缴纳公粮即其一例。

我们的经济措施：原定方案在常德时曾有一些修正，这些规定照重庆的结果看来也还算稳当。

我们部队的士气很好。纪律照湖南群众的反映，不及四野。二野本身五兵团比三兵团好。据四兵团报告，他们的纪律问题也很严重。

会师问题，因预有准备，没有出什么大问题，小问题还是有的，其原因主要还是由于外来同志对本地同志尊重不够，或在某些问题上处理不当所致。同时根据已有材料，四川地下党在最近一时期有相当大的发展，因而成分颇为复杂，在研究清楚之后，规定办法加以整理是必要的。

（二）自进入西南集中军队主力与敌军决战之时起到现在，我们做了

[①] 报告提纲经中共中央西南局委员会讨论通过，作为此后西南工作方针。

下列的事情：

甲、首先集中力量于城市的接管，凡我已经进入的城市（包括成都），接管的工作大体已告一段落。这次各地接管城市的干部很少，但因为：一，其中许多干部有了一些接管城市的经验；二，依靠群众和充分利用旧人员的思想尚称明确，故"接"的工作尚称顺利。但是在进到"管"的时候，问题就非常复杂了，一般解决问题极其迟缓，原因是干部少而弱，经验不多，也还有客观的困难。

乙、对于起义，投诚和俘虏的九十万国民党军和地方游杂部队，这一时期指示最多，主要精神在于防止可能发生的急性病和不负责任、怕麻烦及草率处理的现象（如十六军某师），并在一月十日发出了综合性的指示，以后又由军区作了处理俘官等问题的具体指示。我们一直贯彻的方针是：遵照毛主席"包下来"的原则，提出"宜集不宜散，宜养不宜赶，集中整理，认真改造，分别对象，逐步处理，使之各得其所，不使散之四方，且不为蒋匪利用，扰乱社会"的方针。我们强调这九十万人的工作，关系于今后西南的全部斗争，其本身就是一个复杂尖锐的斗争，必须有策略、有步骤、有方法才能做好，也必须做好。

对于西康、云南的问题，已有了原则的规定（对云南方针中央已批准）。

丙、在集中力量于城市接管的同时，农村工作即开始铺摊子和布置征粮。因为战争十二月底才结束，才能抽得出军队和干部，所以川东、川南和贵州的部队和干部，在一月中旬和下旬，有的要在二月上旬才能大体分布完毕，川北、川西还更迟一些，西康才进入，云南须二月中才能正式进入。公粮数目在南京时预计吃饭人数一百五十万，每人以三千斤计，故决定屯三十亿斤。入川后吃饭人数增至二百万，每人需四千斤，故增至五十亿斤①，如能达到八成收入，即算很大成绩。这个数目极大，开始干部无

---

① 上述粮食数字的计算似有误。

信心，川东会议计算还有可能完成。最近在璧山、大竹两个分区证明，比起国民党各种负担总和还要轻些，只要依靠群众，利用旧保甲人员及旧粮食机构（有的乡长也可以用），同时只要负担面放大一些，合理一些，是可能完成的。现在屯粮中的反映，除川东外，还不多，特别是坏的反映太少，尤其是春耕已届，其影响如何，值得各地特别注意。

丁、在常德时即曾强调：无论城市农村，均须注意团结大多数人的工作，迅速与各界见面，尽快的筹备召开各界人民代表会议。这件事已引起各地注意，许多县市开了这种会议。重庆开得还好，其他各地已催问他们作报告。

戊、我们干部的主要来源靠部队，而部队在开始时曾发现有集中整训野战化的倾向。我们在一月八日的指示中作了批判，并明确规定要实行包干制，正规军实行彻底的分散，如此才能解决干部问题，并可集中全力剿匪，发动群众。现在各地大体上都是这样做的，也还有思想仍未弄通的。

己、进入重庆后，发现享乐腐化倾向开始抬头。我们发出了专门指示，开了专门干部会议，予以防止。

庚、西藏任务，中央一月初才交给我们，十八军在接受这个任务时的精神是好的，现正加紧做各项准备工作。

以上是这时期我们做的工作，这次中央局会议需要加以审查。

（三）西南现在的基本情况是：

支援西藏进军，任务繁重，开支浩大，今后每年的贴补也不会小。

两百万人要吃饭，庞大工业机构需要维持，若干紧迫的建设事业必须兴办，入不敷出，赤字浩大，人民负担很重，又必须逐步的减轻。

九十万国民党军队需要认真改造和处理，并须在半年内做出成绩来。农村土匪、特务活动正在普遍发展。农民尚待组织与发动，春耕已届，原有生产水平必须保持。

战争结束很快，大批国民党军起义是很好的，因为不但破坏少，流血少，而且使我们能够赢得时间来进行征粮，布置春耕生产。但同时带来的特点是封建势力原封原样保持着，而且在一个时期内还拿着武器，我们改造国民党军和农村发动群众的每一步，都带有严重复杂的斗争，而每一步能否胜利，都决定于策略是否正确，步骤是否恰当。

西南军政委员会急待建立，西南的各省市政府的人选需要早日确定。我们的干部，特别是各部门的骨干分子确实太少，能力不够，需要我们加强教育，提高现有干部水平，特别是在群众中培养大批新干部，以克服干部不足的困难。

所以，前面的斗争更为复杂，困难更多，需要我们团结人民予以克服。

（四）西藏进军的物质准备正加紧进行，主要困难是交通问题。对于各项必须的准备，应尽一切可能设法完成，但是有些东西是在目前条件下难于办到的，故进军西藏的部队要预计到可能遭遇到的困难，并动员全体同志予以克服。政治准备尚在研究之中，因为材料太少，知识不够，许多问题须在精细研究之后，才能得出结论。

（五）九十万国民党军的改造，是非常艰苦的斗争，做好了就是给反动势力以致命的打击，做不好就会再度演成混乱局面。现在的情况是：我们的同志尚未完全认识这个工作的严重性，或者并未精细讨论中央局一月十日指示，而在实际工作中显得没有办法；或者由于最近在剿匪之初已经开始发生几次小股叛变而又张惶起来，企图采取简单武力解决的办法，或消极等待上级命令改编。这些倾向都是错误的，必须按照一月十日指示认真执行。

（六）学会管理城市，是西南党的一个严重任务。这方面我们经验非常缺乏，干部又少又弱，克服的办法仍然只能是依靠群众，利用旧人员，同时改造旧人员，在群众中和旧人员中培养大批干部。而我们派到各部门的工作同志，则应加紧学习，逐渐地熟习管理生产的方法与生产的技术，以至精通业务，并善于与党外人士共事，始终保持谦虚的美德和艰苦朴素的作风。

（七）农村阵地全部还在封建阶级的掌握中，而当前的征粮、剿匪、春耕三大工作尤为迫切，各级党委必须以充分的注意力，加强对于农村工作的指导。

这次征粮中，已看到农民的积极性，如果我们屯粮工作做得好，就形成了农村工作的良好开端。这次征粮，求其非常合理是不可能的，但所有同志必须紧紧掌握着两个衡量政策是否正确的原则，即：一，各阶层负担比例不超过中央的规定；二，负担面力求达到百分之七十到八十。凡与此不合者，应根据本身具体情况加以必要和可能的调整。

在完成征粮之后，农村工作在一个阶段内，即应以剿匪反霸为中心，同时在屯粮和剿匪反霸的斗争中，组织强有力的农民协会。各地应尽速地准备成立农协筹委会，党委指定负责干部担任农会主席，党对农运的指导完全经由农会去做。由农会开办大量的训练班，培养农民干部，挑选其中最好的当农会组织员，派他们下乡去担任乡村农会的组织工作，首先扎正农村基层的根子。县、区、乡的农民代表会议亦应有计划的加以召开，并且要使农民代表会议实际起到乡村政权的作用。正规军须以足够兵力化作县、区干队，以保卫政权，奠定农村革命秩序。

农村中另一极端重要的紧迫任务是立即布置春耕。应研究农业生产中的有关问题，用最大力量予以解决。减租条例需要早点公布，重庆代表会议上农民就提出了此项要求。到今年夏秋时可能成为较普遍的要求，故应早点公布，使农民、地主均有所准备，以免被动，对生产亦有好处。准备明冬后春开始土改，如果工作做得好是可能的。

反霸阶段是农村斗争必经的过程，但因为我们的力量尚未布置妥善，九十万国民党军尚未改造，而西南封建势力又甚强大，如果现在就提出反霸的口号，可能促成封建势力很快地团结起来，与我公开为敌，这对于我们是非常不利的。因此，今天农村的口号应是"剿匪生产"、"完成征粮"。我们在策略上，第一步打击的对象，只能是那些明目张胆拿起武器反对我们和坚决抵抗政府法令，破坏经济建设的首要的分子。这实际上也必然要打到主要的恶霸头上。要使同志懂得：农村斗争的策略，在任何时候都要注意到把打击面缩的很小，树敌要少；对于过去作恶的分子，着重采取教育改造，给以立功赎罪，改过自新之路。这个政策已经见效，务必贯彻下去。

土匪，特别是政治性的反动武装正在繁殖，剿匪工作必须全盘计划，严密布置，认真进行。仍然采取以政治为主、军事为辅的方针，采取首恶必办，胁从不问、立功受奖的政策。对首恶不办是不对的。

（八）财经状况是极端困难的，我们作了一个一九五〇年全年的收支概算，人民负担很重，但赤字还有十八点五亿斤大米，等于人民币一万亿。必须想办法予以补救：

甲、必须完成公粮的实际收入（即除去耗损及不能完成的部分）四十亿斤，税收二十五亿斤，而且在税收方面要力求超过，以使城乡负担合理。

乙、采取有效办法核实部队机关的人数，并在可能的基础上逐渐减少吃饭人数。第一批三个月内从地方游杂中减少十五万人，可减少三季开支；第二批六个月内再减少十五万人，可减少两季开支。严禁滥招学生，只按规定数目办学校，以免增加开支。

丙、在军队、地方提倡节约。军队逐渐投入生产（禁止做生意），至少做到自己解决一部分困难，不要追加。

丁、注意春耕领导，组织与鼓励生产与整理保卫灌溉，以保持原有生产水平，勿使降低。

戊、推销公债，必须按分配数字完成。

己、尽可能地抽调一批骨干干部到财经部门，这是完成财经任务的重要关键。

（九）积极准备成立西南军政委员会，加强统一战线工作。各省区统战部应加强，认真地进行各党派各界的工作。

建立各种群众团体，并成立中苏友好协会。

各地应认真地进行人民代表会议的工作。并须注意总结经验，以求改进。

（十）巩固和建设西南，主要靠我们的军队。改造九十万国民党军，剿匪征粮和组织发动六千万农民，抽调干部管理城市，不久将来还要逐步的抽出部队投入生产，这些重担都加到部队的身上。所以我们的部队面临着一个很大的转变，即由对付集中之敌转到对付分散之敌，由公开的斗争转到公开与秘密相结合的斗争，由单纯的战斗队转到战斗队与工作队相结合，有些部队在不久的将来还要执行战斗队、工作队、生产队三者相结合的任务。为便于执行新的任务，部队的组织在一个时期内，还需要暂时地由集中到分散，由野战军到地方军。部队的责任加重了，经过这一阶段，我们的军队将在素质上大大地提高一步。因此，必须加强动员和组织工作，使指战员同志很快地学会新的斗争，像过去一样的完成自己的光荣任务。

（十一）内部工作秩序的建立。加强组织性和纪律性。

——中共中央文献研究室、中共重庆市委员会：《邓小平西南工作文集》，重庆出版社，2006年

西南局关于征粮工作的指示

(1950年2月13日)

各地党委：

我们开始征粮后，普遍的现象是：

（一）农民积极交粮。虽然有个别地区农民负担超过了百分之十几，因为总负担比国民党时候还是要轻一点，特别是对地主土豪也派公粮，农民认为合理满意。

（二）部分地主持抵抗态度，多数地主持观望态度，叫苦连天，不交粮或不积极交粮。

（三）到处土匪烽起，其中许多是特务和恶霸地主结合的政治土匪，其口号亦主要是抗粮分粮，以争取群众。由于土匪的活跃，我们剿匪工作尚未开展，故有些地区事实上已不能征粮。

（四）此次征粮数目是很大的，但据各地报告，都未超过去年总收获量的百分之二十，故有些地方因为工作比较深入，宣传工作做得较好，人民代表会议开得好，负担面比较大，进行颇为顺利。但多数地方宣传工作做得不够，负担面太窄，进行甚为困难。

上述现象应引起严重注意。这次征粮因为情况不熟，时间紧迫未曾发动群众，主观力量又弱，求其非常合理是不可能的。但必须注意掌握两条原则，即：（一）负担面力求扩大到百分之七十到八十；（二）地主负担不超过百分之四十到五十，富农不超过百分之二十五到三十五，佃富农不超过百分之二十，中农不超过百分之十到十五，贫农不超过百分之五。各地应以这两条来作为检查政策是否正确的标准，凡是不合这两条的必须按照各地不同条件作恰当的但是坚决的调整，切不可一错再错，硬着头皮干下去。这样不但会丧失同情、脱离群众，给敌人以可乘之机，而且也无法完成征粮的任务。为此，我们提出下列各点，请各地党委切实注意：

甲、要严格区分地主的叫苦是不愿缴纳还是确有困难，这点极为重要。例如有些地主家境确实不好者，即应减少一些，又如有些公教人员在外做事，其家仅有少量土地出租者，即不应按地主标准派粮，又如确向国民党政府出了负担和减过租的，则应扣除计算等等。总之，我们办事要办到如情如理，才能取得团结、分化地主阶级，使少数恶霸反动份子孤立，才能打击地主阶级的叫嚣和反动分子的煽动。这个策略思想在今后任何工作和斗争中必须贯彻。

乙、各地现在普遍采用国民党的赋元办法，其好处是简便易行，其坏处是负担面很窄，且极不合理，一般佃富农及佃中农都没有负担，应予调整。将地主及有地的贫中农过重部分，分派到佃富农、佃中农乃至佃贫农身上。

丙、凡是一次不能收齐的地方可分两期收齐，即留一部分（不得超过三成）在夏收中缴纳。

丁、准许以一部分黄金及能出口的物资折缴公粮。

戊、在难于打开局面的地方，仍应充分运用县区乡人民代表会议的方式去克服困难，这种会议可以多开。例如：某区某乡地主不缴，就可专为此事召集代表会议，并有意识地多请些地主代表到会，尽量让他们说话，然后把道理说得清清楚楚，对于合理的意见，认真采纳，以便打破僵局。

己、我们工作做到了，不合情理的事情纠正了（这点特别重要），恶霸反动份子孤立了，在这样的条件下，对于个别抗拒缴粮的首要份子（特别是大恶霸份子），拘送法庭加以惩办是必要的。

庚、征粮的另一主要关键是剿匪工作的开展，各地党委与军区应按大军区指示切实执行。

这个指示望发到县委。

——中共中央政策研究室：《党内资料》，第 33 期，第 61—64 页

西南局转发川西区党委行署关于征粮工作的指示

(1950年2月)

兹将川西区党委行署指示转发你们,这个指示中所指征粮中的现象,各地均有,均应引起严重注意。

(一)最近检查各地征粮工作,大体上发现两种情况:一种比较能够深入宣传政策,发动群众,受到群众拥护,但其中亦有很多问题且很严重,县与县之间畸轻畸重及乡保间不平衡,因而产生提高成分,逼走地主、农民抱怨、特务趁机煽动等严重现象。其原因一方面因各地旧田赋很不精确,因而给任务时有轻有重,又由于各地区交旧田赋数目多少不一,旧田赋交的过多者则势必形成双重负担,因而势必提高负担比率,而且我们无法解释,另一方面领导上未充分估计主客观条件,任务既分配不合理,又未估计干部条件,要求在很短期内完成,也促进上述错误的发生,另一情况就是由于上述原因,特别是因为我们干部少而弱或根本没有,征粮工作被反动的乡保人员把持操纵,故意歪曲我们政策,加重农民负担,进而又煽动农民进行反抗,甚至发动反革命叛乱,袭击我部队及地方征粮工作人员。

(二)根据上述情况,总的方针是配合剿匪,继续深入广泛地宣传政策,发动群众,采取适当办法纠正偏向和错误,消除部分农民不满,减少地主的抗拒,同时揭露反动分子的阴谋,团结广大群众稳定与中立中小地主,打击坚决反革命的匪特、恶霸、地主,胜利地完成征粮任务。在第一种地区,首先要解决任务数与超过负担率之矛盾。原则上不能超过各阶级的负担率,如超过则应区别情况减免或宣布为借粮,使各阶层对我政策不发生怀疑。虽然总任务不能如数完成,但在政治上可以说服广大群众。凡农民负担过重的，减少其超过部分。对地主阶级在总收入内扣除其本年确已减租部分，其负担部分不得超过百分之五十；中小地主中如仍确有困难负担不起者，可酌情照顾，为便于掌握可以百分之三十至四十比例征收。不管农民或地主如已交者其超过部分可作为借粮，给以借条抵交明年公粮；如系农民生活困难，可先退还一部；对起义之将领亦应适当照顾，其负担不能超过政策规定。至于县乡保平均数过重的亦应纠正。第二种地区应采取紧急措施，向农民宣布地主匪特对征粮工作之破坏阴谋，应重新宣传我负担政策，揭穿地主敌特欺骗农民、破坏征粮之阴谋活动。在群众发动的一定程度上，有适当干部掌握政策、民主评议、分等摊派的方式完成公粮任务。同时为了真正贯彻合理负担政策，不使有些阶层负担过重，且易于完成任务，负担面力求达到百分之七十到八十，防止负担面过窄的偏向。

（三）粮食集中与保管是十分重要的。仓库尽量集中在县域与大市镇与部队驻区结合，防止匪特抢劫破坏。集中可分期，在阴历正月底以前交纳百分之六十，二月底交百分之十五，其余百分之二十五在小春收后交纳。地方粮可以乡为单位集中，对仓库之设备，亦需严格检查。

（四）为了贯彻政策，切实纠正偏向，击破反动地主匪特之阴谋破坏，很好地完成征粮任务，各地委县委应在旧历年期间召开干部会议，认真检查工作。大城市应加强干部政策教育，打通思想，对严重的偏向负责认真地去检查与纠正，反对怕麻烦的思想，同时反对对敌人的麻痹现象，与由于土匪活动而惊慌失措的倾向。在发生反革命骚动地区，可能有一些干部及农民代表受损失，增加征粮工作困难，各县已派人重新组织力量，经过艰苦工作，继续完成任务。过年期间可暂停收粮，初六以后与剿匪工作结合，以县或乡为单位，召开乡保长及农民代表会议，广泛深入宣传政策，根据不同地区的具体情况布置征粮与交粮工作。

——中共中央政策研究室：《党内资料》，第33期，第65—68页

川西一月十三日剿匪指示中之注意事项摘要

一、各部应以三分之一或三分之二兵力为机动部队,有重点的逐步的清剿,善于根据情况适时的集中与分散(目前应行适当的集中工作队均须年前召回),使用多种侦察手段,尤应注意派遣打入匪内部建立内线关系,确实掌握情况后集中优势兵力,采取远距离地突然奔袭,务求不给匪以化整为零之机而歼灭之。此外各部并应于驻地选择要点,构筑必要工事加强岗哨与巡逻,控制值班部队,干部轮流值夜,以防匪袭。

二、发动全体指战员每到一地均普遍作群众工作,召开群众大会、乡保长会议说明龙潭寺石板滩事件真象,宣传我们剿匪征粮政策,揭露匪特各种谣言、阴谋,警告并控制乡保长令其负责维持治安,保护我地方工作人员。

三、各毗邻区及部队应互取联络,交换情报,密切协同动作。

四、年关已临,各部队更须提高警惕,防止麻痹,切记因欢度年节而放松剿匪,并规定除夕时不准放爆竹(应向群众宣传解释),以防匪特乘机骚动。

——西南军区:《剿匪通讯》,1950年第1号,第14—15页

中共中央西南局、西南军区
关于组织一元化剿匪斗争的指示

(1950年3月15日)

（一）匪特正实行蒋匪所制定之总体战的游击活动，以扰害我社会秩序，尤其是破坏我之经济、资财与交通运输，以妨害我之生产建设乃至国防建设。针对匪特这一情况，我们必须以一元化的剿匪斗争，来组织经济、文化、军事诸方面的一切力量，结合人民生产，全力进行剿匪。并以此进一步发动与组织群众，开展地方工作。

（二）成立自军区、军分区至县、区、乡、保的各级剿匪委员会，为一元化剿匪领导的组织形式。剿匪委员会设正、副主任各一，委员若干人，内分属战术指导组（负责剿匪的各种战术问题）、政攻研究组（负责剿匪的政策及宣传工作诸问题）、财粮经济组（负责有关财粮经贸的保卫诸问题）、情报通信组（负责剿匪的斗争保障诸问题），以遂行日常的具体工作。

（三）军区、军分区至县、区的剿匪委员会，原则上以党委书记为主任或副主任，以军事首长为副主任或主任。由司令部指定若干人担任战术指导组的工作，由政治部指定若干人担任政治研究组的工作，由政府的财委会指定若干人担任财粮经济组的工作，由情报、保卫、公安部门指定若干人担任情报通讯组的工作。此外，并尽可能吸收一些党外可与合作的人士参加委员会为委员。乡、保两级的剿匪委员会，在无我党我军人员作骨干时，则可召开村民会推选若干人组成之。

（四）剿匪委员会应进行经常的工作及会议生活，就有关剿匪尤其是保卫财粮。

经济交通诸问题，提出有效的办法，以便顺利地进行剿匪。

（五）为抓住中心工作起见，应以区、乡、保的剿匪委员会，作为剿匪时期中发动与组织人民群众的组织形式，其他工作也可通过此组织去做。在剿匪生产的口号下，将全体人民完全团结组织起来，并宣布人民剿匪自卫共同遵守之公约，控制与监视一切坏分子，确定净化有关地区的责任。如某地发现匪特抢劫破坏事件，即由就近有关的区、乡、保负责，凡见匪不报、不转递匪情或助匪作恶者，均需依此追究责任，不得丝毫放任。

（六）在剿匪委员会领导下，应进行以下的斗争事宜：

第一，区分守备队与讨伐队的兵力和工作，在重要交通线及经济要害处，选择要点，构筑大小不等的碉堡，并加作副防御设备，储存粮弹，以必要之兵力守备之（有些不重要处，甚至责成附近乡、保的剿匪委员会选派可靠村民守备之）。指定一定数量的机动兵力，作为讨伐队，适时捕歼股匪。

第二，遇有特殊刁恶之股匪时，应指定专门部队专责剿伐，无论该匪窜往何地，都须排除任何困难，跟剿寻剿，不达全歼目的不止。

第三，区、乡、保剿匪委员会，应领导全体人民负责保护所在地的仓库、工厂、公物、铁路、公路、桥梁、电线等人民国家的财产，如有遭匪抢劫破坏事情者，则依情节轻重，追究责任。

第四，如有粮食物资必须运输，但有匪情顾虑时，则由财粮经济组提出要求，加派部队掩护，并以得力的干部加强运输指挥，以应付一切意外之匪情。

第五，各友邻剿匪委员会，应在情报、通讯及剿匪步骤上取得密切的联系，必要时并组织联防勤务，消除各接合部的空隙，以免匪特乘隙活动。

第六，如遇股匪裹胁群众抢劫破坏公粮、盐、棉等国家物资或人民财物时，除立即捕歼外，并应由追查赃物（胁从者的赃物亦必追查），追查线索，讯问匪属，以至悬赏缉拿等办法，务求追捕首恶为止，不得任意甘休。

第七，大力宣传剿匪政策，广泛散贴传单，揭发匪特欺骗阴谋，以教育群众。宣布已被惩办的首恶分子的罪状与立功者受奖的对照，宣布对在逃首恶分子必须追捕之决心，特应以追交分肥之赃物、严正具结讨保等办法，以教育胁从分子。要记着所谓胁从者不问，并不是以妇人之慈，对助恶有据的胁从分子白白放过了事，更不是不加强教育，不履行悔过、坦白等手续，即行释放。如此，则会使胁从者毫无畏惧，给匪特以裹胁群众之便利条件。必须切实防止。

第八，组织大众的情报通信网，加强军机情报通信的组织，并使两者密切结合起来，使各个剿匪委员会在情报通信上有确切的联系，迅速确实报告、转递一切匪情，同时多方注意防谍，以保障剿匪斗争的胜利。

（七）这——元化的剿匪斗争，是根据抗战时对敌斗争的经验，及近一期我各地剿匪的实际情况而总和起来的，这是当前斗争的实际具体步骤。各级党委及军事机关，除再严格检查执行过去西南局、西南军区各剿匪指示外，应将这一指示立即研究实施，并不断将实施中所遇到的新情况、新经验，及时的反映报告，以便发挥。

西南局
西南军区
三月十五日

——中国人民解放军历史资料丛书编审委员会：《剿匪斗争·西南地区》，解放军出版社，2002年

红日东升 征粮剿匪运动中的川大英烈

西南军区四月份剿匪综合报告

（一）四月份以来，各军区剿匪部队，一般地纠正了轻敌麻痹与张惶失措两种错误的思想，各级干部都认识了匪特活动的严重性，并决心以大力剿匪。在战术动作上，也纠正了笨拙的战法，运用了机动灵活的剿匪战术。克服一切困难，对股匪施行穷追猛击（如川东涪陵军分区的铁壁合围作战中，有些部队三昼夜未休息，贵州清剿部队经常吃不到盐，没有鞋子穿，仍积极追缴，各军区亦普遍有此情况），结合着分散驻剿、清剿，获得较大的战果。全区共计歼匪85000余人，除云南兴仁、毕节、镇远三个军分区，川东之酉阳，川南之宜宾、泸州两军分区的江南部分，川西蓉、雅公路西侧山区仍甚嚣张外，其余诸交通干线及主要富庶区域已渐次下降。土匪内部日趋动摇，分化、投降、自新者，日益增加。大部地区我已由被动转入了主动。川东军区本月八日至十五日在涪陵、巴县、南川地区，组织了近三个团兵力7000余人数十路铁壁合围，继以十余天的分散驻剿，结合着深入的政治攻势，残匪10400余人（一半以上是投降自新的）。川西成都东南龙潭寺等十余乡镇，土匪再次暴动后，亦经我迅速集中兵力，歼灭3000余人。贵州军区因地域宽广，起初兵力分散，处处被动，后主动放出27县，集中兵力于主要交通线两侧，及经济上重要地区之清剿，一般地稳住了局势。川北军区潼南、合川，清剿成效甚大。如潼南在若干乡村，已建立了农会，会员达千余人。川南沿成、渝路两侧，某些地区已初步净化，大体上各地区增量及税收等工作的进行，均已较前顺利。加之我在本月下旬，组织了专门的交通指挥部及护运部队（由公路局后勤及财务统一调度受各级军区指导），于水路交通要线。成渝、川滇东路隆昌至泸州段及川江航路交通亦渐趋顺畅。

（二）另一方面，土匪在我坚决剿灭的行动下，采取了更复杂的活动方式。如在我中心区，化整为零，化大股为小股，分散隐蔽或流窜至各区交界处之空隙间，及边沿山区，伺机组织力量，企图乘机再起。因此，一般地区的暂时安定，仍然是很不牢固的。如川西军区 3 月间镇压了各地的武装暴动后，暂时保持了安定，但至 4 月中旬，成都以东龙潭十余乡县，又再次发生了数千人的暴动（已被镇压）。川东在进行涪陵军分区的清剿时，万县军分区的奉节，又发生了暴动。另川东、川南残余股匪，大部逃向川黔边境山区，有的则假意投降，交出一部分坏的枪支，以麻痹我之视听，就目前来看，非是一直表现了此起彼伏的形式，还需经过较长的激烈斗争，才能肃清。为对付土匪之流窜，我曾于川东、川南、川北及川黔边境，组织了四个剿匪联防指挥部，担任各军区分区毗连处之清剿。但兵力甚小，组成时间又短，除合川潼南地区之第三剿匪联防指挥部获得较大的战果外，其余尚未收到预期的效果，刻正予以加强并积极组织毗连区的会剿。

（三）根据 4 月中旬的统计，贵州大小股匪，计 416 股。号称万人以上者 3 股，千人以上者 18 股，及其它零星小股的共约 11 万余人。川东 62 股，29000 人。川西 80 股，26200 余人。川南 57 股，32000 余。川北 90 股，11000 余。云南 83 股，24400 人。全区共 813 股，计 235500 余人。

其中，云南因解放较晚，土匪蠢动时间亦晚，但与其他军区发展规律均为类似。起初因我系和平接收，对土匪发展的估计不足。对乡村及监警等武装的整理重视不够，未派部队进行改造，致不断发生叛变。唐汉部内部亦曾发生叛变事件。楚雄军分区之新平、易门、牟定、广通已为匪占，玉溪军分区，征粮工作已被迫停止。蒙自及文山等军分区，滇缅路两侧情况更为复杂，不仅蒋匪特且有国际帝国主义特务潜伏活动，该军区匪势之发展，现尚未完全终止。

——西南军区：《剿匪通讯》，1950 年第 2 号，第 1—2 页

邓小平同志关于三、四月份工作向毛主席并中央的综合报告

（1950年5月14日）

三、四月份西南全区主要集中于剿匪与征粮，在城市则是学习管理，并逐步解决城市中一系列的困难问题。

我从中央回来后，西南军区召集了各省、区负责同志，讨论缩减军队人数及军队编制与教育问题，同时利用机会，开了中央局委员会第2次会议，讨论了干部整风和农村在完成征粮后的工作步骤问题。西南财委对于调整工商业的任务，也已放在主要的日程上。

（一）西南土匪以3月底达到最高峰。贵州发展到11万人，共计27万7000余人（2月底为20万人）。4月底减到24万余人（实际不到此数）。我们剿匪工作已见成效，计2月份消灭29000余人，3月份消灭49000余人，4月份消灭78000余人，三个月共计157000余人。除贵州仍很严重，云南正在发展外，四川、西康大部地区，500人以上的股匪已经不多，主要交通线业已打通，城乡开始交流，货币开始下乡。部队剿匪思想和战术，3月份纳入正轨，4月份收效良好。3月以前，各地不辨首恶，谅解宽大政策，怕犯"左"倾错误的偏向，大大地脱离了群众。在中央局多次批评和中央指示之后，大致已获纠正。全区经过批准，杀了匪首约1000人，群众才认为我们真正要剿匪，才敢于同我们接近，供给情报，参加剿匪。加上部队整饬了纪律，才在群众的配合下，得到现有的胜利。有些地方，同时存在乱杀人的现象。有些县、区的干部认为报到上面反正不杀，不如先斩后奏或斩而不奏。这种无政府、无纪律的状态，亦应严格纠正。必须严格执行"杀人必须经过批准和法庭判决"的规定，才能少出乱子。现在

川、康土匪改变由集中到分散，由公开到隐蔽，采取此起彼伏，乘隙而动的方式。其行动也较前灵活而飘忽，故不容我们丝毫松懈。必须认识：组织武装斗争是今后反动封建势力反抗我们的主要形式，只有在群众真正发动与组织起来的时候，特别在土改之后，才能根绝匪患。有些地方曾在剿匪中组织防匪自卫，并在剿匪的前提下，逐步地实行枪换肩（即先将地主当权派恶霸分子的枪转到农民手中）。但目前决不能提出收缴民枪的口号，而且首先将农村坏分子的枪，收来交给农协这种办法，在个别地方已收到成效，应在全区予以发扬。部队在剿匪中很积极，人人感觉剿匪比打大仗要艰苦得多。由于我们这一时期对部队的困难注意不够，剿匪部队的体力大为削弱，医药条件很差，鞋子不够换，现已提起注意。

（二）全区公粮征起百分之四十几，税收征取百分之十一二，公债已缴款百分之六十以上，完成公债任务无大困难。公粮至3月开西南财政会议后，各地都做了一些调整。有些区域，司令官到了前线，特别是4月份剿匪收成效，故4月下旬起，四川各地征粮均有起色，全省估计已近50％。贵州因闹土匪，4月份完全停征，现仅龙里一县达到百分之八十（全省只征起百分之二十）。云南因布置较晚，土匪开始活跃，又因干部思想常有抵触，固收粮甚少。各地征粮过程大体上都是开始时由于农民踊跃缴粮，情况良好，一到地主缴粮，就僵持起来。新区地主对于拖赖公粮历有经验，我们干部对此大都采取拘押、吊打、侮辱等错误的办法，结果弄得更僵。这套办法实现无效果，于是干部束手无策，在僵持两个月，不能进一步。此经验证明：凡是善于运用各界代表会议和农民代表会议，提高了群众认识，团结了一些开明士绅，同时又能对于某些不合理的部分做了调整的，都能很快见效。据多方了解，西南粮食不缺，只要消灭股匪和办理妥善，是可以征起的。这次与各地负责同志面商，大家都认为不应考虑减免，而应坚持完成，必须打破地主抵赖手法，否则一切事难办，但应多告诉干部一些方法。对于不合理者，只做个别调整或略予减少，或允其缓缴一部。照今天看来，征粮工作还需三个月才能大体告一段落。必须坚持完成，否则财政困难无法渡过。税收情况比公粮还差。西南财政会议后，各地确已引起重视，都照中央指示配调了干部，仅因这一时期土匪活跃，工商死滞，使税源大大减少。特别是干部还未配齐，经验缺乏。有些同志思想不通，故还需经过短期才能生效。由于公粮、税收成绩不好，公粮变款尤感困难，使财政开支异常拮据。5月份全靠中财委帮助，可勉强过去。如今后收入不大大增加，牵连各种问题很多，我们正考虑在收入少的情况下，如何调整和节约开支的问题。

（三）在中央局会议上，确定凡公粮达到70％以上的地区（县、区、乡），除以一部分力量继续完成征收并加强仓库管理外，即应将工作重心转到剿匪、生产。注意领导和解决生产有关的各种问题，组织防匪自卫，有方法的实行枪换肩。建立和健全县、区农民代表会议及县各界人民代表会议制度，逐步地消减保甲制度和进行干部整风。并在这些基础上，准备今冬、明春的减租运动。在农村斗争的策略步骤上，确定当前的主要打击对象应集中于地主阶级当权派中拿起武装反动我们的部分。对于这一部分，必须坚决镇压。而对于那些没有拿起武装反对我们的，即使是地主阶级当权派，只要他们守法，即应使之暂时中立起来，而不应放入主要打击对象之列。我们不少同志，对于那些在剿匪火线上，捉来的地主、恶霸、土匪、流氓头子，暨首恶分子不敢严办处死，怕犯所谓"左"倾错误。反之在征收公粮中，大捕其人，这是本末倒置，正予以纠正。

（四）城市中调整工商业与救济失业问题，正在着手研究和解决。西南工商业的困难，除与全国相同的一般原因外，还有一个特殊原因，即因土匪而来的城乡隔离和交通死滞。加之西南各地工业管理之坏，冗员之多，成本之高，为全国其他各地所少见。例如天津一吨铁成本1400斤米（9石多），重庆一吨铁成本要25石米（3750斤）。如不改善，是扶持不起来的，所以我们一面要从公私、劳资两方面，做适当的调整，一面强调私资必须改善管理，减低成本。最近我们对重庆几个主要行业，如航运，燃料等等的困难，已予初步解决，纱厂正解决中，机器业则比较难于解决，拟在修建铁路计划中,向他们订一批货,但品质太坏,价格太高,正研究中。各城市普遍困难,而一时很少办法解决的,是小工厂、作坊的倒闭。(如重庆一百几十家烟厂只剩几家),许多奢侈、迷信品等类商店的转业,码头、黄包车、建筑等业工人的失业等等。重庆失业工人估计约有5万,贵阳失业工人约1万(估三分之一),成都估计有一两万,主要也在这些行业,估计剿匪胜利,交通恢复后,可以恢复一些,但为数不会大,必须从指导转业与另谋出路中加以解决。

(五)西南减少军队至××万的工作,此次军区会议业已布置,大家认为能够办到。至于留下的××万人的编制教育等项工作,需在股匪大体肃清之后才能做,一般不列入今年军事工作的中心,因为今年各项工作太拥挤了。

(六)整风问题,中央局拟有指示,已电请中央批准,不赘。

——中共西南局农村工作部:《西南区土地改革运动资料汇编》上册,1954年

红日东升 征粮剿匪运动中的川大英烈

川西军区剿匪经验总结

（1950年3月2日）

（一）在匪患延及广大地区的情况下，如处处照顾，处处分散兵力，必处处失着，应首先选择匪特活动最猖獗危害人民最大之股匪，集中优势兵力，以集中对集中的军事方针，有重点地分区进剿围剿，其他非重点区，以小部分积极行动，或暂置不理，当我进剿匪后，在我军事压力下，余匪□（原文模糊不清，下同——编者）分散隐蔽，企图保存实力待机再起，故必须留置必要兵力□进行反复清剿与较长时期的分散驻剿（分散对分散），并□调走到那里，宣传到那里；走到那里，组织到那里，发动群众及捕降匪中，了解情况，进行搜捕，打破匪之分散隐蔽企图，求得剿一区即巩固一区。由点的控制，逐渐发展到面的控制，根据剿匪以来的经验，如果进剿后散匪不抓捕，群众未发动，即转向它区，则匪必又由散而复聚，形成我剿匪伏，我走匪起的局势，此点在剿匪初期表现得很明显，最近龙潭寺、石板滩亦为一列。

（二）匪为防我奔袭合围，在匪巢周围进行所谓（星式配备）的严密警戒，派出深远的侦察，以保甲团丁（守备队）守备各交通要口桥梁，其精干武装（突击队），随其指挥机构置于纵深，我围剿时，应以精干的便衣队，大胆地潜入匪驻地，掌握情况，扭住敌人，以协同合击部分进行内外夹击，合击部分则带可靠向导，利用夜暗，行宽正面的多路开□，避开村庄大道，走小路或无路之处，由匪警戒之间隙秘密透入匪纵深，出敌不意地进行突然奇袭，易收全敌之效。杨家院歼赵女匪，鲁耀贤匪部，及吴家场歼陈利石匪部，即采取此种战法而获成功的。此外，部队严格遵守时间，密切协同动作，一路打向，各路迅速前进急趋合围，叛匪可能退经之路，预置堵击部队防匪窜逃漏网，均甚重要，花围场战斗，因部队未按时到达，动作协同不密切，致匪乘隙逃窜。

当匪为我包围后，有时化整为零，隐枪为民，使我扑空，此时，切忌收兵撤回，使匪又由散而复聚，取枪尾击。而应控制各要点，进行严密的全面搜捕，彻底清查户口（最好预先掌有近年的户口册对照之），或集聚全村人员，探取个别谈话，秘密告发方式，以民识民，以民识匪，如此，对隐匿之匪则可查获其大部，柑子树、三江镇等战斗，即曾以此法收效，对突围窜逃之匪，则不顾一切疲劳，不受地区时间限制，坚决寻踪猛追穷追，直至歼灭为止。

（三）在股匪盘踞地区，多不很集中，也很不固定，经我军事打击后，匪又多避战外窜，故合围时，兵力部署应箭头多而密，尽量减小各路间的空隙，每路进击目标应有一个主要目标，与数个机动次要目标，求得将一切可能的匪巢均包括在内，同时合围地区，不宜过大，否则，合围圈越大，过程越长，协同配合亦越困难，误差空隙亦越多，土匪也就越易外窜，而合围地区的大小，是依我兵力大小而定，如果匪散布面较广，我兵力大时，亦可区分为数个合围战斗而同时进行之，在开进时，起初可以一般行速，当接近匪外围警戒时，则应尽量加快行速，使匪无逃窜之暇而一举捕歼之。

（四）匪对我守兵及过往小部队，常聚众纠缠包围，待我弹尽消耗殆尽时，企图聚歼，根据此一特点，我守备之各重要城镇及交通要道，应选择要点（兵力小时县城可守一隅，乡镇可守一点），构筑坚固工事，碉堡，储存充足的粮弹及水量，如遇匪攻击时，守点部队沉着坚守待援，切忌浪费弹药、警（惊）慌突围，以免助长匪焰灭我士气，我机动部队，即应积极主动不待命令迅速驰援，协同守点部队内外夹歼犯匪（最好预先即预定此种作战方案），为此，机动部队必须向各守点方向派出严密侦察，并以多种通讯方法，与守点部队保持密切联系，以便及时地获得情报而收协同之效。怀远镇战斗，因无侦察布置，及未规定多种通讯手段，故机动部队与守点部队未能取得协同而错失歼匪良机。

此外我进剿时,还可以探取设点诱敌的战法,即部队采用夜暗秘密进入预定伏击地区,以小部队向匪佯动诱匪来攻,待匪进入我伏击圈而聚歼之,或精干之一部,首先突入匪巢,吸引周围之匪来攻,我主力由各方进行合围而内外夹击之,柑子树战斗,即以此战法而收歼匪之效。

(五)当大股匪特被歼,我转入驻剿时,驻剿部队应□高度的分散,于驻剿区选择数个中心要点,(依据驻剿区大小而定),设置基点,特别是匪巢点与点间,密切联系相互策应,并控制一定的机动部队,随时准备组织合围搜剿,对潜伏隐藏之匪,应辗转全面地清剿搜捕,发现成股之匪时,则跟踪捕歼,如此,使匪无存身之所,迫匪就范,此外,以便衣队于拐点周围及匪特最易潜伏地区,以荫蔽对荫蔽的对策,利用群众关系,了解情况进行搜捕,如有伏击时,□即询问,立即捕歼其同党,这一手段,在郫都地区曾获相当成效,随着驻剿工作逐渐深入,群众有了一定觉悟时,应相信群众依靠群众,当群众报告匪情时,应大胆地不怕扑空,不怕疲劳,不失时机地迅速派队捕歼,如果犹犹豫豫,或固守于过去的阵地战法,慢慢地讨论、侦察、了解地形等,即当你准备好时,流窜之匪早已远遁。

(六)由于匪之流窜性与避战,故情报工作对剿匪是一相当重要的因素,战前除应一切手段进行侦察以获取确实情报,求得在匪蠢动前而一举歼灭外,同时战斗中亦应指定得力干部专事询问战俘,调查居民,随时收集掌握变化中的情况,以依据此种变化,以适时的决定行动;此外,各级指挥员的善于判断分析情况,发扬高度的战斗积极性,在总的意图下,匪变我变,机断专行,同样重要。

(七)在我军事打击胜利的基础上,随即展开政治攻势,通过各种关系,利用各种形式,进行争取瓦解工作,对投诚与俘虏之匪(特别是匪首),经过短期的时事政策教育,即耐性大胆地给予一定任务,放出进行瓦解工作,嗣后并进行考核与检查,有功者表扬(禁在群众场合)消极应付者揭发，如灌县石羊场地区，"反共救国军"支队长刘清吉率部投降，经教育释放，又规劝二百余匪众投案，并多系好枪新枪，但同时，又应防止匪特的反革命两面政策，明投暗不投，对此应将首要与胁从份子，分别采取集中管训，及立具联保释放的方法控制之。（编者按：对投降与俘虏之匪首，在处理上应有所区别。）

通过土匪亲近家属，及当地较开明的上层份子，规劝瓦解，限定日期返回投案，逾期不回者，即派队清剿捕捉，以防匪借此争取时间，整顿残局。我曾利用绵竹地主赵祝三进行瓦解，十天时间，即争取返回投案之匪自新者六十六人。

利用自新土匪在大会上讲话悔过，作用亦很大，但这须预先准备，某县永定乡一个自新份子在大会上讲话后，当场即有十七人报告自首，一天内自首者五十余人，另通过旧乡保甲长，发动登记自新，亦可收获一定效果。

此外，争取瓦解必须与军事打击相结合，宽大与镇压相结合，严防首恶不辨偏于宽大的倾向；对罪恶多端怙恶不悛，及拒绝投降继续作恶的份子，应坚决地逮捕镇压或通缉。

——西南军区：《剿匪通讯》，1950年第2号，第12—16页

川西军区通报独一师剿匪的顽强精神

(1950 年 7 月)

我独一师于五月六日以四连兵力向盘踞白水河、小鱼洞、大坪山地区之张宝三股二百余进剿,但至小鱼洞时,匪已□向老鹳岩,我继于七日夜向老鹳岩包围,至拂晓发现扑空,得悉该匪经长坪向茂县方向逃窜,该部遂又向白水河,后匪未经此,据息(悉)仍在长坪;即留一个连于此堵击;奔袭之又扑空;此时又悉匪仍在长坪、白坪、白水河□潜匿于荒草密林中,因数次扑空,我即召集干部检讨□该地山高坡陡,加之下雨路小而滑,且各要路口均有□守,故匪不易外逃;充分向大家动员,克服困难,不□不下山;遂于白水河、长坪地区进行反复清剿,在大家艰苦疲劳雨淋主动反复清剿,截至五月二十八日共二十日,战斗十一次,全歼赵女匪残部,及俘匪团长郭思孜;□长龚二机,连长杨国挺等以下九十八人,击毙匪首石□下八人,伤八人,共一一四人,缴轻机枪四挺,长短枪支,卡宾、冲锋枪各三支,各种子弹四千余发,以上□于及时纠正剿匪中之缺点,及不怕艰苦疲劳往返反复□顽强精神,特通报表扬。

——西南军区:《剿匪通讯》,1950 年第 3 号,第 19—20 页

川西军区对金堂、简阳、华阳、新都、成都五县剿匪净化通报表扬

（1950年7月9日）

金（堂）、简（阳）、华（阳）、新（都）、成（都）五县及华（阳）、彭（县）、仁（寿）、双（流）四县两边区剿匪指挥部，自五月下旬成立以来，我十九师及五三三团、五三二团各一部，以龙潭寺、石板滩、镇子场、龙泉驿为中心，实行了大的分散驻剿，对马步秀、罗凤鸣等股匪进行了数次搜剿、追剿，给该匪以严重打击，迫使马、罗两匪仅带十余人潜逃，及廖贯之、黄良廷等匪首卅余人，匪众二百余人投案自新。并组织了各级剿委会，对自新匪特进行了严格的管训，同时发动了群众，部分乡保组织了农协和农民剿匪自卫队，致使该区公粮大部完成，社会秩序大为好转，明打暗劫的散匪已不存在，前曾发生叛乱之龙潭寺、石板滩地区已基本上净化。六月上旬，我炮兵团一部，结合当地地方武装，对永安场西北牧马山东南肖家场地区的肖敬如、傅丙之等匪部二百余，进行了进剿、搜剿、并展开分散驻剿，发动群众，迫使匪首肖敬如自尽，傅丙之带中队长六人匪众卅余人投案，迫使双（流）、新（津）、彭（山）间之匪巢、牧马山区，现已无股匪活动，秩序逐趋稳定。对蓉新（津）和蓉彭（山）间水陆交通安全，起了很大作用。特通报表扬。

编者按：我川西军区金、简、华、新、成五县剿匪已达净化，这是由于我党政军民的密切结合，及大力的军事清剿和广泛开展政攻的结果，是值得表扬的；但是我们必须□□因为剿匪已达净化，而产生松懈麻痹的思想。我们要清醒认识到，对敌斗争的长期性、复杂性及其任务的艰巨性，□一斗争将贯串着土改工作的彻底完成。因此我们必须提高警惕，

并在这一胜利基础上大力组织武装群众,以期更进一步的净化。

——西南军区:《剿匪通讯》,1950年第5号,第35—36页

川西军区对匪特利用反动会门进行活动的对策

(1950 年 7 月 7 日)

川西匪特经我数月进剿以来,在军事上已遭受到严重的失败,但剿匪肃特是一场尖锐复杂的阶级斗争,残余敌人绝不会由于其公开集中的武装对抗失败就以此停止,相反的它将必重整力量,采取多种斗争方式继续与我进行反复的斗争。

目前各地均发现匪特利用反动封建会门(大刀会、大教会、红灯会、天仙道、一贯道、文善会等)迷信组织大肆活动,诡称:川西将有"兵灾""水灾""天灾"发生,入会信教者可以"免灾""枪刀不入"等荒谬之谈,欺骗群众妄图再起。这就是匪特所采取的新的斗争方式之一,应引起我们严重的注意与警惕。会门是统治阶级维持其反动统治的一种封建组织形式,其上层多为封建恶霸,但其下层则多为劳苦群众,被统治阶级欺骗逼迫下而参加的,其内部仍严重地存在着分别阶级矛盾与压迫剥削。因此我们应采取有策略有步骤的分别对待方针并提出如下对策:

(1) 由于我区群众尚未充分发动,封建组织及反动会门,故目前暂不明文布告取缔,应广泛宣传揭发匪特利用会门进行反革命活动的阴谋,通过各种群众运动如合理负担保佃生产,及即将到来的减租等,以实际教育群众提高其政治觉悟,瓦解会众孤立会首,切勿听信匪特谣言,当发现谣言时应即揭谣追谣,逮捕制造谣言分子。

(2) 匪特利用会门开始由隐蔽的秘密活动,至公开组织叛乱,须经过一个相当过程,我可抓住这一机会派可靠关系打入其内部,了解掌握情况,进行分化瓦解,查明会首及其组织关系反革命证件等,便于骚乱前而先机破获一网打尽,以免造成损失。

(3) 如已发生暴动者，则应立派部队迅速地坚决地进行武装镇压，防其蔓延扩大，逮捕严办会首号召群众来登记自新，收缴叛乱会门武装，解散其组织。在我兵力薄弱，敌我力量悬殊情况下，则应迅速报告上级通报友邻部队协助一举歼灭之。

(4) 如匪特利用我某些困难（如灾荒等），及工作上某些弱点而煽惑群众，进行非武装骚动时（如请愿抢粮等），则最好以政治方式解决之，宣传解释我之政策与措施，遣散群众平息事端，然后侦缉逮捕首要策谋份子予以严办。

——西南军区：《剿匪通讯》，1950年第7号，第31—33页

川西五县剿匪工作六月份摘要报告

六月份以来，我剿匪部队（一九师五三三团五三二团各一部）以龙潭市、石板滩、镇子场、龙泉驿为中心点，实行了大的分散驻剿、清剿和追剿，结合政治争取与发动群众，使马步秀、罗凤鸣等流窜之股匪先后被歼瓦解或被迫投降。仅石板滩附近，既有匪首廖孟之、黄良延等三十余人，匪众二百余人投案自新。现对其进行了集训和严格的管训，致使该区社会秩序大为好转，大部乡保接近于净化，明打暗劫的散匪已不存在，交通恢复，我工作人员两三人即可下乡工作，并进行广泛的各种政策宣传，召开了群众大会，镇压首恶份子（镇子场、龙潭市处决大匪首刘希廷、巫兆林以下十余人），启发了群众觉悟和斗争情绪，团结了各阶级进步人士，组成各级剿委会，部分乡保组织了农协和农民武装，实行防匪自卫，对维护治安，争取匪特，完成征粮起了很大的作用。当群众尚未很好地发动组织起来，枪未换过肩，最发动的大匪首马步秀、罗凤鸣等尚未归案，反动特务组织没有摧毁（如卷棚寺会门文善会有特务活动）。新店子、文安场地区，均发现匪特以假自新取得合法，进行抢劫活动。匪特份子已被迫改变其斗争方式，由集中到分散，公开到隐蔽，使我剿匪斗争更加尖锐和复难、决不能滋长任何松懈麻痹和轻敌思想，必须认识剿匪斗争已进入一新的阶段，大小股匪已基本歼灭之地区应坚决彻底肃清残匪，不给其以任何喘息之机与变形存在可能，以期迅速达到净化，坚决执行开展一区巩固一区的方针。目前急需做好下列工作：

（1）在现已发动群众的基础上组织武装群众，普遍组织农协和剿匪自卫队，达到农村的印换手、枪换肩，造成农民在农村的优势力量，打下巩固社会秩序的群众基础，依靠群众性的剿匪防匪除匪根运动，迫匪无地可容，无孔可窜，此为肃清残匪净化全区的主要关键。

（2）军事上采取以隐蔽对隐蔽，组织精干便衣武装，深入群众中活动，寻找匪特线索，利用各种社会关系察明匪首及小股散匪隐蔽地址和潜伏地带，以负有侦察和捕歼两种任务的战斗侦察队，不失时机地加以歼捕。经验证明：对无明确目标流窜不定的小股散匪捕剿时，不论部队建制大小，若均以全副武装出动，往往容易暴露，使匪有机可乘，我去匪窜，形成游行示威，收效不大。

（3）严格管训自新匪特，应成为各级剿委会主要任务之一。对真正投降资自新分子，给以实际任务，□验其自新□结真正程度，使匪订出立功赎罪计划，继续瓦解匪特内部定期上送情报。主要还是依靠通过群众（特别是农协）对其管制，监督其行动，规定请假销假开路条制度和自新人员□过登记，限其不得随意活动。并宣布："若再为匪作恶者，则无条件的以首恶论处。"如此则可限制其下层活动与窝藏之匪特联系，使潜伏匪特更加孤立。

——西南军区：《剿匪通讯》，1950 年第 7 号，第 33—34 页

川西军区关于清匪与组织群众武装的指示

一、目前川西情况，在净化地区，除我力量较弱之地区尚有潜伏匪特秘密活动外，大部地区尚称平静。流窜于边缘山区之匪，尚有三十余股约三千余人。除冒功地区何本初、周迅予匪都外，多十数人至数十人不等。平时分散隐藏，临时聚集漂浮行动，避实就虚，乘机袭扰我边缘农村政权及伏击我少数人员。隐蔽之匪则造谣暗杀或打击我农民代表积极分子，自新份子伪装进步打入我农会或武装组织内，利用合法地位进行反革命活动。并在大邑等地区发现有组织伪农协、伪青年会骗取合法地位笼络群众，利用封建会门暗中活动。

纵观全区情况，由于部队整编复员集中后尚未展开之际，有些地区匪特活动较前活跃，枪案造谣较前增多，使工作及群众均受到某些损失。但同时从实际中又一次给我们某些部队及地方党政干部以警惕，不能满足于表面形式上暂时稳定的局面（这是匪特在我大军压制下，由公开转入隐蔽，企图保存实力新斗争方式之一）而松懈疏忽。

二、根据上述情况及区党委今后七、八、九月工作决定和我区剿匪部队减少一部的情况，今后剿匪方针，是以主力分散全面驻剿，并以一部协同友区部队对流窜边缘山区之匪进行彻底的围剿、会剿及分区清剿驻剿，争取九月底净化全区（茂县军分区除外）打下今冬清剿、反霸、减租、退押工作的稳固基础。

净化的标准是：

1. 消减股匪摧毁其组织。
2. 捕尽主要匪首。

3. 群众武装组织起来，普遍建立农协及剿匪自卫队，做到"枪换肩"。

4. 各县区武装能单独支持局面，维持治安，确保交通顺畅。

三、八、九两月主要工作。

1. 驻剿部队除控制必要机动力量，防止腹心区可能再次发生之骚动事件外，其余尽量展开，每团负责一个县或两个县，每营负责一个乡或几个乡的驻剿任务。根据中央人民政府政务院颁发之"农民协会组织通则"，川西区党委组织农协及军区建立人民武装的指示：在一元化领导下普遍组织农协，有步骤有重点地组织乡保剿匪自卫队。要求九月底以前每保建立二十至三十人剿匪自卫队。其步骤可采取先对已组织起来的乡保武装进行整顿审查，继之在已组织之农协的基础上挑选积极份子，组织剿匪自卫队，务须强调纯洁。

2. 组织精干讨伐队，对流窜股匪进行围剿与分区清剿驻剿。预定八月中旬协同西康及十八军部队围剿清剿川康边之匪，九月中（正值秋收季节）开展懋功、抚边、卓克基地区，尔后继续开展靖化地区工作，目前即着手侦察该地区匪情，建立少数民族工作及准备进军所需物资。

3. 继续寻捕尚未落网匪首归案，并使捕捉与争取，宽大与镇压相结合，防止单纯等待匪特来降思想。应在发动组织群众基础上，开展全区群众性的清剿运动，以彻底肃清散匪。

4. 继续集训匪众，对重要匪首应实行长期管训，对一些危险可疑分子，应重新集中管训，严防其利用合法手段进行反革命活动。对勾结窝藏匪特之分子，应根据政务院最高人民法院关于镇压反革命活动的指示，依情法办。力求九月底以前将所有降俘匪特分别首要次要普遍进行一次集训或长期管训，并严禁逼供吊打现象。

5. 当群众武装组织到一定程度时，驻剿部队应协同地方以乡或保为单位组织一次群众性的清匪运动，检举潜伏隐藏散匪，以达净化之目的。

四、为顺利完成上述任务，必须：

1. 加强一元化斗争的领导。师团主要负责干部分别参加地委、县委，营干参加区分委，分遣之连干参加农会，克服目前存在的军政不够协调无组织无纪律现象。

2. 严格执行和遵守党的各种政策和纪律。各级领导机关必须经常了解掌握部队思想情况，及时发现问题，解决问题，取得经验，交流全区。

3. 将驻剿工作和立功运动结合起来。凡剿匪发动群众等工作之模范事例，应及时表扬鼓励推广，激发革命的英雄主义，保证部队旺盛士气。剿匪结束后，将举行全区的贺功大会。

4. 加强支部思想领导，严格行政管理。防止由于匪特转用秘密隐蔽的多样性的斗争方式表面呈现稳定状态之时，可能产生的骄傲自满轻敌麻痹思想及松懈散漫现象。主动协同公安部门加强侦察工作，确实掌握匪特情况，及时发现策谋骚乱，先机破获之。

——西南军区：《剿匪通讯》，1950年第8号，第5—7页

川西军区捕捉匪首的经验

川西部队在八月份先后捕获中队长以上重要匪首百余人，□辉煌之战绩，综合其主要经验是：

一、全体指战员贯彻了捕捉匪首的决心，发扬了高度的积极性和责任心。由于剿匪胜利的鼓舞全体指战员情绪均很高涨并认识到"擒匪先擒王"的重要性，充分表现了不怕艰苦、不怕疲劳扑空、不怕风雨饥饿，克服一切困难争取捕匪立功之顽强精神。各营连专门组织了捕捉队，指定具体捕捉任务及对象进行不分地区的长期反复搜捕。

二、详细了解情况运用关系线索。对主要匪首的面貌特征作详细的侦察并介绍给全体指战员，以利识别。同时须注意情况的分析，从情况中找出情况，利用各种关系及矛盾，从关系中找关系寻找线索，有线索即追源问根，只要获得确实隐蔽之地□，一捕即成。

三、严密封锁反复搜捕穷追到底。在搜剿清剿中特别强调把捕捉匪首当作最重要任务之一，指派专门部队封锁一切交通要点构成重叠蛛网阵势，圈内部队则行高度分散，到处有兵遍□格网，白天搜剿扫荡，夜晚设伏暗击，昼夜循环作面的反复搜捕，迫使匪首走投无路，终必就范。如我五三五团捕捉夏匪斗枢时以十一个班分守七个山口构成外围封锁线，另以十个班于圈内反复搜捕，发挥班和小组的机智灵活动作，该团二连四班于捉夏匪时乘匪移动林动时秘密接近当匪停止竹林不动时我亦停止，至匪发现我时其已无法逃脱。同时若发现匪首带小股流窜时，须即以小部队奔袭穷追到底。如我搜高匪壁成时，因天亮匪发觉逃窜，我即跟踪穷追，直至高匪"胆破脚烂"无法逃跑，最后落网。

四、依靠群众，组织群众和提高群众积极自动性协助我军捕匪。由于普遍的宣传了解剿匪的胜利消息和剿匪决心，严格执行政策纪律，并在剿匪中结合组织农协及发动群众工作，解除了群众中各种顾虑，从而获得了群众普遍的自动带路、报告匪情、检举匪首等有力之协助，故能于短期内收到了很大成效。

——西南军区：《剿匪通讯》，1950年第8号，第13—14页

川西军区七、八月份剿匪综合报告

全区进剿后，七月份匪特在我工作薄弱边缘山区，死硬匪特，乘我主力部队集中整编，尚未展开之际，散而复聚，组织力量，企图扩张；其方式是以数十人或数百人，时集时散飘□的活动；其特点是避战、狡猾、警觉灵活，不易捕捉。当我进剿时，则隐散潜伏或跳跃流窜。在基本净化腹心平川地区尚为平静；但在我控制不严的山地与平原毗连地区，则借朝鲜战争，大肆散布谣言，威胁基本群众，伪装进步，伪装我军，打入我农协和群众武装内，进行反革命活动；并组织伪农协，伪支部，伪青年团及"义勇青年会"，"地富联合会"等反动组织，利用封建迷信团体，提出"不缴粮，不缴枪"欺骗群众，企图利用合法地位，保存实力，待机再起。八月份（具体会剿情况略）除边缘山区外，即行全面驻剿，组织农协，有步骤、有重点地建立、整顿群众武装，捕捉匪首，继续集训匪众，管制匪首；对窜踞于边山地区股匪（温、灌、彭、崇四县交界及川康边之邛崃以西等地），则进行会剿、围剿；共歼灭"中国青年反共救国军"等十余股股匪，捕获匪总司令夏斗枢，匪师长高壁成及股匪匪首周建阳、彭天禄、杨万和等。

剿匪部队在思想上，均认识了围剿山区股匪，和捕捉匪首的重要，因此在剿匪中充分地表现了积极、勇敢、坚决、顽强、不怕扑空、不避艰险地完成任务。在战术上明确了"先围后捕"，"重叠封锁和反复扫荡相结合"。但有少数干部，仍存在怕苦、怕入山和麻痹松懈等不良思想，和个别部队正滋长着轻敌情绪，和违犯政策纪律现象。

从这两月剿匪中所得经验如下：

一、围剿山区股匪经验：

1. 对进剿凭山险为依据，并有其一定社会基础的股匪，应先选主要目标，集中优势兵力，采取宽正面、远距离，多路奔袭合围；进剿前应详细地侦察匪情、地形（匪分布位置，道路景况及活动特点等），判断匪可能逃窜之方向及可能之变化；依次拟定各部队实行搜剿、清剿、追捕，等等地区的方案，在拟定方案中，必须明确地区分各部队任务，精确地计算行程、时间（如各合击点，控制点距合击准备位置之路程，道路景况等），使各路能适时的密切配合。在围剿部队先头，应预先密派精干便衣小组，潜伏匪区附近，断匪之情报来源，以对付匪派出的便衣远探，保持我动作秘密、突然。并在外围各山路口及匪可能逃窜之方向设伏。在围剿中应掌握匪变我变的原则。当股匪分散后，即迅速大胆以班排为单位展开，行宽正面的反复的"拉网搜山，穿梭扫荡"，使匪无喘息之机。

2. 在围剿中战术上应采取圈、点、面、搜的紧密结合，对分散盘踞山区之匪，按匪分布之位置，行有重点的合围，先控制各要点，构成重叠包围，层层封锁后，即组织若干小部队，向匪中心，行多路、多点的压缩合击，先求歼其大部或一部，将其建制打烂后，迅速展开，以纵横交错之队形，布成网格，反复缜密的搜剿，由点控制到面，追匪无处可逃，无处可藏。当匪溃散后，对隐藏于合围圈内的、深山丛林中之匪，应高度分散搜捕，尤应控制各山庄、要道点，缩小空隙，形成家家有兵，沟沟有兵，山山有兵，采取小型不规律的积极的出动，如撒网似的捕捉，白天搜剿，追捕，夜晚埋伏查庄。但在组织对一地区拉网搜剿时，必须规定路线、终结点和联络记号，严守时间，密切协同，在统一指挥下行动；若查觉匪首带小股匪逃窜时，则施行小型踪追捕。

3. 在搜剿和追捕时，须带熟悉当地山区及道路的向导人，或利用匪徒带路直奔匪巢，并详细询问调查可能隐蔽的山洞，岩窝，挨次搜索，并利用高地观察，善于发现判断可疑之征候，若发现踪迹，则不分昼夜，不分境界，跟踪追捕，勿使漏网；在搜捕时营连以下干部，应依情况机动灵活，及时交换情况，变更部署，密切协同动作。

4. 广泛宣传政策，很好执行政策纪律，远到政治瓦解；在剿匪中应以我军实际模范纪律行动，广泛的深入宣传各种政策及我剿匪的决心，争取群众，使群众认识剿匪是为人民办事，发动群众，协助搜剿，使能向我密保匪情，敢大胆监视匪敌活动，断绝匪特耳目及粮食，孤立匪特。同时对匪必须运用"打与拉"相结合的方法，要"打的狠，拉的紧"，当股匪遭我严重打击后，多恐慌动摇，我应抓紧此有利时机，开展有力政治攻势，争取匪特自新，利用一切关系、线索找匪自新。并召开各种座谈会，宣传我剿匪的宽大与镇压政策。

二、捕捉匪首经验：

1. 对流窜边区匪首，组织专门精干便衣武装捕捉队，由坚强干部带领，携带轻便自动武器，分工包干，行远距离的奔捕，甚至孤胆深入匪巢。以"飞鹰抓鸡"的办法捉拿匪首（如五三四团由安县经一千四百里到松番镇江关捉王渊如。眉山分区炮兵营经过千里。到马边捉回石青云。梓潼以四个便衣班深入江油徐匪老巢捉拿万芳一）。其成员必须勇敢、顽强、吃苦耐劳、不避艰险、能坚决完成任务的优秀战士充任，并要有严密分工，和连续捕捉的充分准备，选带识匪的向导，利用自新份子，控制窝匪者供给情报，稍有线索和可靠消息，即不失时机迅速行动，跟踪追捕，注意细小可疑征候，严格耐心追究。对逃避于大山深林进行顽抗之匪首，应严密封锁，反复搜捕，指定专门部队，昼夜循环轮班捕捉，发挥班及小组的机智灵活动作，追匪于深山丛树内，不使转移下山，不使匪稍有寝食之机，直到就捕。

2. 必须细心耐烦的进行调查研究，从各方面详细的了解情况，运用线索，掌握材料，事先应对主要匪首的特征，社会关系，活动规律、特点，在群众中和俘匪中作详细的了解调查，并介绍给大家以便认识。从情况分析情况，从关系中找关系，追寻线索，以线引线，抓紧时机，迅速处置（如捕获夏斗枢、周建阳等）。

3. 发扬和贯彻高度的积极性和决心，是捕匪首必具的条件，事实证明，只要不怕艰苦扑空，不怕风雨饥饿，山高路远，终可捕获匪首，如各营连都组织了捕捉队，进行远距离跟踪捕捉，匪逃到那里，追到那里，捕不到不回来，捉不完不收兵，"宁可扑空，不使漏网"。终于捕捉大小匪首三百多名。

4. 捕捉队必须依靠群众，主动与当地活动部队、农协、剿匪自卫队，军政机关，公安部门取得联系和密切配合，协同动作；同时要懂得城市和当地的风俗习惯，根据情况进行各种技术的、艺术的化装，进茶馆，走烟场，逛大街，巡小巷，找寻线索，并掌握城市蔽藏匪特活动的规律和地点，以及城市捕捉的方法和手续。

——西南军区：《剿匪通讯》，1950年第9号，第7—10页

红日东升 征粮剿匪运动中的川大英烈

征粮过程中的具体经验

一、如何开头。

工作队在第十保，一开头是把二十多个队员分散下去，分甲逐户的进行访问和调查，没有用很大力量去宣传政策。作了三天调查，又坐在家里算了四五天，队员们为填表、打算盘帮忙得头昏眼花，结果调查的数字还是不很真实，有的数字遗漏了，统计时又去调查了一次，检讨起来这七八天是绕了很大一个弯。这工作满可以不必自己去干就能把数字搞到的。八保的同志接受了十保的教训，一开头就开群众会宣讲政策，把调查的事情交给保甲长，要他负责把全保的土地产量等调查确实，又动员了当地知识份子协助，这样十保七天搞出来的材料，八保有两天就弄好。所不同的只是八保使用了当地社会的力量，十保没有。八保的调查人熟悉当地情况，十保不熟悉。但是就整个征粮过程来说，八保也走了弯路，不过走得小些。因为保甲长调查是登记了一次，以后自报公议时又登记了一次。最好是先作宣传动员，群众对政策办法懂得了，一自报公议，要调查真实数字就比较易解决。

二、如何使用保甲长。

十保同志最初以为自己人多，把保甲长放在一旁，保甲长一没责任，有的便从旁说坏话，八保注意了这点，告诉他们：保或甲有了虚报，如不检举就要负责。于是保甲长便对人说："你莫假报害了我。"

另一件事也说明了对保甲长的态度不能有一点疏忽，八保有一回开保甲长会，已有两个甲长无故不到，工作同志随便放过去，没有说什么，这以后第三甲甲长就调皮开了，他是个富农，贫雇农开会，他跑去偷听，头一回说了他一顿，第二回又跑去了。要他召集群众开会，他故意提早两个钟头，工作同志按时到会，人早散了。第八甲甲长也是胡乱应付，要他调查，他把一九三五年的户口册抄了一份，工作队这才看见形势不对，便把他俩叫来严厉申斥一顿，要他们写了悔过书，当着群众承认错误，这一来保甲长才振作起来，接连着报告了很多材料，其中有一户少报了三百多担田，就是保甲长报告出来的。

结合着剿匪工作，也要在这上面抓紧，工作队把保甲长找来，要他们具结，除了保证不隐瞒该保土地产量外，并保证不隐瞒土匪，发现即报，保证工作人员活动安全。大部分都具了结。

这儿还需注意的，应该和群众讲明白为什么采取这样态度。否则他们分不清界限，倒弄得"一喜一忧"，怕起工作同志来了。也要和保甲长讲明白，只要决心为人民办事，立功一定受奖，乱搞一定受罚。

三、产生评议组织。

征粮工作中，评议是个顶重要的环节，因为合理负担的政策，只有依靠群众的力量。发扬了民主精神，才能保证实现。评议必须先有组织，每甲成立起评议小组，保内成立评议委员会。而且评议组织中必须要以贫佃中农为主体，这是因为他们土地少，用不着隐瞒和假报，能够大公无私。十保的评议组织，确定贫佃中农占其中人口的百分之六十，中农占百分之三十，知识分子和开明士绅占百分之十，知识分子和开明士绅是经农民讨论决定聘请的，不经选举。但是要把评议组织建立好，还要具备下面的条件：（一）发现和培养了积极分子，而且对他们进行了简短的教育和训练。（二）向贫佃中农交代了政策，启发了他们的政治觉悟，对于建立评议委员会组织曾作过酝酿。（三）有党组织的地方，并讨论了候选人。有了这些准备，然后召开农民群众大会，选举评议员。

这里我们把十保的评议组织介绍一下：有了上述的准备之后，他们便分甲召集贫佃中农开会，会上讲明：评议工作很重要，要防止坏分子钻进来。建议他们评议员应该选这样的人：第一，参加劳动的，不要二流子。

第二，真正无私，人品端正，肯为人民办事的。第三，不受贿赂，不贪小便宜。农民经讨论后提出七人至十三人，工作队把候选名单加以审查，再在大会上表决，加上聘请的知识分子和开明士绅共七人至九人组成评议小组，从小组里再推选一个代表，全保八个甲总共八个代表，加上知识分子和开明士绅与保甲长共十一人组成保的评议委员会，评议小组内互推一个组长，一个能写能算的做书记，评议委员会推一个主任，三个书记。

开始评议的时候先召开评议委员会，把全保评议的任务交给他们，要他们莫完全依靠工作队，另外把职权范围也搞明确：评议委员会领导评议小组，小组评完交委员会作第二次评议，其次，再分甲召开评议小组预备会，并非评议员的积极分子也参加，作一次思想动员，评议个重点户试一试，会后，分甲开甲民大会，自报公议，为了迅速起见，最好分开组，各户自报，一人填表，填完进行公议。

依十保的经验：公议要注意下面几件事：（一）不要地主富农参加，他们在会上总是叫唤"穷得要命"，群众有怕他们的，有碍于面子的，便不肯做声。（二）要有重点的评，不要每一户都评，土地多的户，族田、庙田等公田隐瞒黑地的居多，要细评。（三）到会人数多，可自由结成小组，规模不要大，但里面必须配备上评议员和积极分子。（四）工作同志自己最后掌握一个骨干组，由积极分子组成，来突破一点，推动全面，十保六甲的同志这样做了，评出来许多虚报。如今年是八九成年景，有的报五六成，一个经营地主少报了七十担谷田，也被这一组评出来了，其他评出的问题还很多。

四、填表和核算。

这两件事看起来小，但如计划不周到，会拖长时间，浪费人力。比如说填表吧，要是里面项目完备了，一次就填好了，将来计算起来又快又清楚，这个表应该在自报以前印好，内容大体应包括下列项目：（一）户主姓名，（二）人口，（三）土地收入，（四）负担情形，（五）附注。

评议完毕，就进行核算那家该负担多少，那家不负担，由于征粮是个细致的工作，粗枝大叶就不能达到相当的公平合理，因此事前要有充分的准备：第一，人力配备好，专门组织一些人做核算工作，把各甲已经参加工作的知识分子，能写能算的统计一下，那一甲人力不够，商量好予以调剂，核算时由评议组长及评议委员会监督，并随时给核算员提供些情况。第二，核算前把核算员集合在一起，把计算统一一下，算几户试一试，做个训练，然后再回去分头进行。此外，在核算的时候也要同评议一样，先算大户，这样根据全保负担额，随时把其余小户的负担，加以调整。

五、会后如何作。

工作队在郎梨做实验，人数较多，有些做法别处不能仿效，假定一个区的干部每保只分配到一人或两人，那么这一两个同志如何来展开这一保的秋征工作呢？工作队一个同志这样回答："现在假若我到一个保去，我首先注意的是宣传政策，发动群众的力量。还是先把保甲长召集来开会，宣布任务，要他们把全堡的土地产量登记报告，他对该保该甲们虚报要负检举责任，并要具结保证，然后开群众大会，我向群众说明以前是给反动派出负担用来压迫人民，而这次出粮的用途是为了人民解放。再由保甲长宣读具结，又说明对保甲人员的态度，对土匪破坏征粮的分子的政策之后分别召开农民代表会，贫雇农座谈会，知识分子座谈会，士绅座谈会，在每一场合，我将不厌其烦地讲解征粮的法令和精神，在上述的会议过程中，注意发现积极分子，组织评议小组和评议会评议，评议由评议组自己掌握，用宣读保甲长所做的登记表代替自报，然后开始评议，评完核算负担，贴榜公告，到这里，就可以将评议委员会扩大参加上积极分子和甲长组成征粮委员会，负责完成全部征粮任务。"

最后，还得提出的就是工作同志在以上的工作中切莫把时间精力花在琐碎的杂务上，弄成事务主义。头一件要不时深入下去，检查几户，看保甲长虚报没有，看鬼出在什么地方，发现后需处罚者处罚之，听听农民有什么意见。第二，要算算大账，掌握住阶层的负担比例。第三，要号召反对虚报或挤黑地的运动，最重要的，不要忘了把政策交给群众，不怕重复，不怕会开得太多，可是开会就必须有准备，有新的内容加进去，还要设法使群众听懂。郎梨十保和八保的情形是这样：群众是喜欢开会的，很想听一听，不知道的事情，但是会前要先打听一下，看是哪位同志开的，"易得懂不易得懂"。因此，知识分子出身的同志，北方长常住的同志们都该注意，假如不好好学习群众语言，群众要打听得是你开会可能不来，于是政策就交待不好，工作就受影响，这也是很重要的。

——西南军政委员会等：《新区屯粮经验》，1950年1月，第31—36页

征粮工作的四个重要关键

湖南岳阳县在征借过程中，主要经验，综合四点如下：

（一）政策和群众公开直接见面，行政力量和群众力量相结合，是完成借粮的首要关键，开始有的地区不明确，吃亏很大，如一区明德乡布置最早而对于征借政策，特别是各队阶层负担比例，不敢大胆宣传，结果给旧保甲人员造下钻空子机会，再如，城厢区把政策交给保甲人员，没有深入保内，开群众会进行宣传教育，保甲则给各大户写条子，要他们请愿，结果三个保仅六万五千斤，最近还未完成；反之，宣传普遍的地方，政策和群众见面，群众积极起来，粮食完成任务很迅速，这种政策宣传，很快形成一种强大力量，保甲人员也容易控制，如一区和平乡十保，保长平均摊派，群众提出质问："上级命令是合理公道，为什么保甲长按户摊派？"这说明只有群众掌握了政策，才谈得上群众对保甲人员的监督，也才能谈得上群众对地主富农瞒产、扩大灾情的公开或秘密的揭发。

（二）必须暂时利用保甲人员，但这种利用又必须依靠群众监督和干部亲自检查，否则就谈不到控制，四区全我相乡六保，因单纯依靠保甲，群众不敢说话，保长给自己少派粮，给全保人平均分配，结果负担面达到百分之八十，二区忠信传博爱两乡，干部去不了，虽在会议上讲了控制条件，结果连布告也没有贴，任务长期不布置，反之有我干部亲自去检查，有群众监督的地方则完成顺利，和平乡第十保开始不仅平均摊派且造谣破坏，后来把保长教育警告后，并以错误事实教育他，让他写完了完粮保证书，八天即完成任务的一半，因此，单纯的在会议上指出他的非法、有罪、立功赎罪等并不等于解决了问题，（具结、画押也都不怕，甚至还要求赌头）。只有在实际执行中，发动群众监督，（还须使政策与群众见面），亲自检查，才能控制之。

根据工作中实际经验，大部分保甲人员还愿意立功赎罪，但因为习惯了国民党的一套，又多为地富操纵，所以改造较难，其中少数人员则蓄意破坏，阻挠工作，在征粮中发现的非法活动，大致有三种：

（1）平均摊派，减轻自己和地富负担，转移负担于中贫农，勾结地富，进行合法斗争、请愿、扩大灾情、瞒田瞒产等。

（2）以"左"的面目出现，故意缩小负担面，借以破坏，和平乡只派十九户，已占总任务三分之二还多，每户均万斤以上，大峯乡八保六百户十三户负担，其中把几户中农派得特别重。

（3）少数的贪污舞弊，多派粮食以自肥。

我们对保甲人员的利用有两方面的偏向，开始右，以后又"左"，右表现在利用时头脑不清，混淆敌我界限，称"同志"，代要薪金办公费，造谣破坏，不敢处理，犯了法，当干部打通思想，画押具结即认为服贴改造等，在会议后，纠正右又发生了"左"的偏向，不分对象，一位仇视打击，只是处分坏的，不鼓励有点成绩的，开会就让"立功赎罪"，一味训斥，赏罚不明，这都是不好的。

（三）在征借粮草的过程中就是和地富统治阶级反复斗争的过程，他们是征借的主要对象也是征借的重要障碍物，地富的抵抗方法，不外两种，最普遍和突出的是与我们进行合法斗争，隐瞒、分居、装穷、叫苦、扩大灾情、利用农民请求减少，派他老婆去哭，还有造假契约，说明他们是有外债的，另外一种方法是非法斗争，结合土匪特务，进行造谣破坏，说什么"岳州炸了""长沙国民党军队又占了，赶快不要交粮""湖北为轰炸区""九路军比八路军还好"等，这些阴谋花样都要靠干部和群众结合随时予以揭穿，实行民主评议，才能打破，也只有如此，才能顺利完成任务，郝起动富农原派六百斤，他不出，到区请愿，后经民主评议又给派一千六百五十斤，结果当天就交出一半，负担反占收入百分之十九点六。

（四）征借粮草中不断检查，不断纠偏是完成任务的重要问题，由于新区情况多不了解，分配数字，盲目性很大，加以无群众基础，保甲人员为地富服务，所以偏差的产生是不能避免的，这就必须不断检查，以求随时补正，才能迅速完成任务。如三区三厂乡布置时，很多偏差，经检查纠正，结果是一、六、八、十三、十四保地富较多，共是十一户，增加了二万八千斤，地主负担还不及百分之四十，五保瞒田地主两户，增派二千四百五十斤，十二保保长平均摊派，处理了保长，纠正了平均摊派，这都是经检查纠正，才完成了任务。根据现在了解，此次借粮数字不大，地富距比例很远，贫农一般未出粮，中农则多少不等，但即使地富转嫁负担的地方，亦未超过规定的比例，负担面一般在百分之二十上下，最多的曾有到达百分之八十（很快就纠正了），最少到百分之十。

以上四个问题，我们认为是征借中四个重要关键，互相联系，不可分离。

在征借中，各阶层动态与反应，也值得我们注意，总的情况是中农迫切要求公平，贫农观望，地富嫌重。

（一）地富

1. 分散财产，加强地下储藏，化形变像，如一区任准生分家，送亲友土地，三区地主献田、烧酒、粮变银钱（只明德一乡即五百多户），一区袁家鉴地主，把地假转学田，等"变天"再收回。

2. 缓和宗族内部矛盾，三区分配"无益公田"。

3. 扛大旗，威胁群众，一区任伊平讲："某某某是我学生，我不出粮，看他怎么样！不行就打官司到省。"

4. 勾结土匪，动摇群众胜利信心，且有自称"九路军"。

5. 拉拢或威胁群众，替他请愿，如任早生讲二十多个贫农吃饭，到区请愿说："他是办慈善事很有功的人！做了一辈子好事！"三区贫农到区质问说："你们把大户粮食借光，我们将来向谁借呢？"

6. 主动撤换保甲长，换上狗腿子，迷惑我们，二区四区均有此例。

（二）基本群众

地下党与受革命影响大的雇农，有急性病，要打土豪分田地，土改（并有组织分田小组的），嫌我们工作慢，对我们利用保长不满。一般农民还不敢公开表示要求，怕"变天"，怕土匪特务。

在借粮中，群众对我政策很拥护，密告很多，参与评议，公开揭发地富的斗争，逐渐增加。

——西南军政委员会等：《新区屯粮经验》，1950年1月，第36—40页

苏南征粮经验

一、运用田赋册。国民党期间的田赋，有些地区，抗战后曾经整理，在我们无材料前，一般可作分配根据。

二、大胆使用旧田良地政机关人员。防止关门思想，不要怕支薪，怕靠不住，采用逐级负责制，规定制度，严明赏罚，并注意征起后保管与动支手续。

三、逐渐分配旧派新摊，旧派是按田赋册自上而下分配任务，新摊是发动群众提意见，大胆求得公平合理并发动挤出黑地，为减少群众虑顾，挤出的黑地，不要加任务，可作明年征收根据，按田赋册分配后，对地富规定简单累进去。贫农以下酌量减免，不要定得太细了，下面做不通。

四、防止机械用老区办法。老区行的多级累进等办法，新区都不宜采用，原则依各阶层富力规定一个负担率即可，但应注意：第一，负担不易过低，一般应达农村产量百分之六十。第二，不要提高产量，应与当年产量比照征收。第三，不要提高成分，特别注意保护中农。

——西南军政委员会等：《新区屯粮经验》，1950年1月，第40页

征粮中应注意的几个问题

反瞒田的重点

（一）反瞒田应明确重点是反恶霸地主瞒田，而不是无目的的乱反，不管中贫农一齐的反，把反瞒田纠缠于农民内部，形成农民自己的争吵，而未把活力集中在恶霸地主身上，转移了农民斗争视线，混乱了农民自己的阵营，却给了恶霸地主操纵欺骗农民瞒田的有利机会，还是阶级立场不明确的严重表现。

反瞒田不能满足于部分成绩的取得，即骄傲麻痹起来，没有认识地主阶级特别是恶霸地主阶级的狡猾性。反瞒田是一个长期艰苦的斗争过程。因此不能截然把秋征分成两个阶段，先是反瞒田，以后是征收，应该是把反瞒田贯彻在全部征收过程中，才能提高群众的斗争情绪，完成秋征任务。

但也不能把反瞒田拖得过长，或只单纯地停留在丈量田亩，插牌造册等事情上，而不知道发动群众起来反瞒田，结果冷落了群众的斗争情绪。这正中了恶霸地主硬顶软拖的圈套。经验证明：民主评议本身，就是反瞒田，只有把粮食数目派下去，群众摸着了负担的底子，才能激发群众反瞒田的情绪，贯彻负担政策，达到合理的目的。

认真执行政策

（二）认真执行政策，是完成任务的保证。经验一再证明：贯彻合理负担政策中，对瞒田最多，而且又是坚决抵抗的恶霸地主，应该坚决给以打击。除补交负担公粮外，还可以酌情加罚一部，以儆效尤，但对一般的地主富农，则应分别对象轻重，予以适当处理，追补公粮，当众认错，严禁乱打乱罚乱扣形象。

及时组织与教育积极分子

（三）在贯彻负担政策反瞒田斗争中，一定有一批积极分子涌现出来，应很好注意培育启发其阶级觉悟，通过积极分子，组织农代会，然后建立农协组织，逐步取消保甲长。过去的毛病往往是把群众组织放在任务完成之后，形成单纯的任务观点，不发动群众，不依靠群众，也不善于运用群众自己的组织力量，去推动群众完成任务，因此使群众组织，落在运动的后面，秋征中我们如不依靠群众，只靠几个干部，或利用几个保甲长，是不能完成任务的。这点领导思想，必须明确。今天利用保甲，只有在我控制下与发动起群众来监督，才能完成任务。这点要搞不好，就会反严重错误的。

对已有的积极分子，应马上组织起来，不能散着不管。经常对他们进行阶级教育，让他们知道只有农民团结起来，才有力量，才能消减土匪，才能打倒恶霸。坚决执行依靠贫雇农，团结中农的组织路线，这样才能为更大规模的剿匪反恶霸运动打下基础。

——西南军政委员会：《新区屯粮经验》，1950年1月，第46—47页

参考资料

一、图书

1. 成都市委党史研究室：《接管成都》，成都出版社，1991年。

2. 刘宋斌：《中国共产党对大城市的接管：1945—1952》，北京图书馆出版社，1997年。

3. 华东师范大学中国当代史研究中心：《中国当代史研究（第1辑）》，九州出版社，2009年。

4. 中共山西省委党史办公室：《1949：山西干部南下实录（下）》，山西人民出版社，2012年。

5. 王伊洛：《〈新新新闻〉报史研究》，巴蜀书社，2008年。

6. 何虎生：《建国大业》，中国广播电视出版社，2017年。

7. 张维：《民盟历史文献：楚图南》，群言出版社，2013年。

8. 王跃、马骥、雷文景：《成都百年百人》，四川人民出版社，2008年。

9. 高中伟：《新中国成立初期城市基层社会组织的重构研究——以成都为中心的考察（1949—1957）》，四川大学出版社，2011年。

10. 周笃文：《中外文化辞典》，南海出版公司，1991年。

11. 《中华教育改革编年史》编写组：《中华教育改革编年史》，中国教育出版社，2009年

12. 何东昌：《中华人民共和国重要教育文献（1976—1990）》，海南出版社，1998年。

13. 刘颖：《除旧布新：新中国成立初期中共对高等教育的接管与改造》，人民出版社，2010 年。

14. 乔明甫、翟泰丰：《中国共产党建设大辞典》，四川人民出版社，1991 年。

15. 中共中央文献研究室：《建国以来重要文献选编（第 1 册）》，中央文献出版社，2011 年。

16. 中国人民政治协商会议四川省委员会、四川省省志编辑委员会：《四川文史资料选辑》，内部编印，1963 年。

17. 成都市武侯区政协文史资料委员会：《武侯文史集萃》，四川人民出版社，2000 年。

18. 成都市地方志编纂委员会办公室：《成都人讲成都往事》，四川大学出版社，2016 年。

19. 戴岳、陈荣：《教育的探索和思考》，贵州人民出版社，2014 年。

20. 《华西坝风云录》编辑组：《华西坝风云录：纪念民主青年协会成立六十周年》，内部编印，2004 年。

21. 华西大学校史编委会：《华西医科大学校史（1910—1985）》，四川教育出版社，1990 年。

22. 四川省政协文史资料委员会、成都军区政治部联络部：《回忆四川解放（续编）》，四川教育出版社，1989 年。

23. 四川省政协文史资料和学习委员会：《多党合作在四川：民盟卷》，四川人民出版社，2012 年。

24. 成都市政协文史学习委员会：《成都文史资料选编·解放战争卷（上）：黎明前夜》，四川人民出版社，2007 年。

25. 四川省简阳县志编纂委员会：《简阳县志》，巴蜀书社，1996 年。

26. 马秋帆：《师表担当：马秋帆纪念文集》，辽宁人民出版社，2017 年。

27. 李仕安、马林英：《彝族老人李仕安口述记录：百岁人生川康史》，民族出版社，2014 年。

28. 李柏云：《追求之歌：四川青年运动》，成都科技大学出版社，1986 年。

29. 章绍嗣：《中国现代社团辞典：1919—1949》，湖北人民出版社，1994 年。

30. 张在军：《发现乐山：被遗忘的抗战文化中心》，福建教育出版社，2016 年。

31. 刘佩瑛：《刘佩瑛文集》，中国大地出版社，2006 年。

32. 江英飒：《校史文化与"川农大精神"》，四川大学出版社，2013 年。

33. 刘卫东：《河南大学百年人物志》，河南大学出版社，2012 年。

34. 张廷茂：《百年名校：四川大学》，四川大学出版社，1996 年。

35. 罗中枢：《历史精神使命：四川大学》，四川大学出版社，2009 年。

36. 中国人民政治协商会议四川省委员会、四川省省志编辑委员会：《四川文史资料选辑（第 26 辑）》，四川人民出版社，1982 年。

37. 中央档案馆、四川省档案馆：《四川革命历史文件汇集：省委文件（1932 年—1933 年）》，内部编印，1985 年。

38. 重庆现代革命史资料丛书编委会：《英烈颂》，重庆出版社，1982 年。

39. 四川省安岳县政协文史资料委员会：《安岳文史资料选辑（第 24 辑）：〈纪念安岳解放〉专辑》，内部编印，1989 年。

40. 四川农大校史编写组：《四川农业大学史稿：1906—1990》，四川大学出版社，1991 年。

41. 中国人民政治协商会议成都市金牛区委员会文史资料工作组：《金牛文史资料选辑（第 4 辑）》，内部编印，1987 年。

42. 《艰难的奉献：杜心源纪念文集》编辑组：《艰难的奉献：杜心源纪念文集（下）》，四川人民出版社，2011 年。

43. 四川省大邑县志编纂委员会：《大邑县志》，四川人民出版社，

1992 年。

44. 四川省南川县志编纂委员会：《南川县志》，四川人民出版社，1991 年。

45. 四川省井研县志编纂委员会：《井研县志》，四川人民出版社，1990 年。

46. 梁国强：《寻找一个神秘的传说》，成都时代出版社，2006 年。

47. 成都市双流区地方志编纂委员会：《双流县志（1911—1985)》，四川科学技术出版社，2016 年。

48. 戴文星：《盐都英烈》，四川人民出版社，1991 年。

49. 鼓楼区地方志编纂委员会：《鼓楼区志（下）》，方志出版社，2001 年。

50. 福州民政志编纂委员会：《福州民政志》，福建人民出版社，1997 年。

51. 宋海常：《成都黎明前后》，四川人民出版社，2009 年。

52. 段志洪、徐学初：《四川农村 60 年经济结构之变迁》，巴蜀书社，2009 年。

53. 华东师范大学中国当代史研究中心：《中国当代史研究（第1辑)》，九州出版社，2009 年。

54. 中共中央文献研究室、中共重庆市委员会：《邓小平西南工作文集》，重庆出版社，2006 年。

55. 中共云南省委党史研究室：《宋任穷云南工作文集》，中央文献出版社，2006 年。

56. 中共重庆市委党史研究室：《邓小平与大西南（1949—1952)》，中央文献出版社，2000 年。

57. 成都市地方志编纂委员会：《成都市志大事记》，方志出版社，2010 年。

58. 魏红翎：《成都尊经书院史》，巴蜀书社，2016 年。

59. 吴康零：《四川通史：清卷》，四川人民出版社，2018 年。

60. 贾大泉：《四川历史辞典》，四川教育出版社，1993年。

61. 郑尚维、石应康：《四川大学华西医院暨临床医学院史稿》，四川辞书出版社，2007年。

62. 中共四川省委党史研究室：《四川党史人物传（第1卷）》，四川人民出版社，2016年。

63. 程文：《吴玉章教育思想与实践》，重庆大学出版社，1992年。

64. 中共四川省委党史研究室：《陈毅与四川》，四川人民出版社，2011年。

65. 四川省地方志编纂委员会：《四川省志：大事纪述（中）》，四川科学技术出版社，1999年。

66. 四川省地方志编纂委员会：《四川省志：大事纪述（下）》，四川科学技术出版社，1999年。

67. 周勇：《中国共产党抗战大后方历史（上）》，重庆出版社，2017年。

68. 成都市政协文化和文史资料委员会：《成都抗战记忆》，四川人民出版社，2015年。

69. 张鹤鸣：《抗战风云录：成都八年抗战史料简编》，成都时代出版社，2005年。

70. 周天度、孙彩霞：《救国会史料集》，中央编译出版社，2006年。

71. 陈廷湘、徐学初、张力开、张树军：《中国抗日战争全景录：四川卷》，四川人民出版社，2015年。

72. 何承艰、王德树：《马克思主义人物辞典》，中国广播电视出版社，1989年。

73. 中国人民政治协商会议四川省新都县委员会文史资料委员会：《新都文史（第15辑）》，内部编印，1999年。

74. 中国人民政治协商会议四川省新都县委员会文史资料委员会：《新都文史（第16辑）》，内部编印，2000年。

75. 广安市志编纂委员会：《广安市志：1993—2005（下）》，中央文献出版社，2012年。

76. 邛崃市政协文史资料研究委员会：《邛崃文史资料（第21辑）》，内部编印，2007年。

77. 中国人民政治协商会议四川省彭县委员会文史资料委员会：《彭县文史资料选辑（第4辑）》，内部编印，1989年。

二、报刊

1. 本书在编写过程中参考了大量出版于1949—1950年的报刊，主要有以下几种：《川西日报》《新华日报》《人民日报》《成都商报》《民主日报》《新新新闻》《川西人民报》。

三、档案

1. 四川省档案馆：《关于温江剿匪工作情况报告》（1950年2月17日），档案号：建西1-148。

2. 四川省档案馆：《中国共产党川西区温江县委员会关于镇压反革命工作给毛主席的报告》（时间不详），档案号：建西1-2。

3. 成都市档案馆：《温江县委关于深入反霸清匪中几个意见》，档案号：177-6。

4. 成都市档案馆：《成都接管工作大事记（征求意见稿）》，档案号：53-001-0010-8。

5. 成都市档案馆：《西南军政委员会文教部通知》（1950年11月28日），档案号：0044-00-84-31.

6. 《西南区四川省国立四川大学概况调查表及学生教职工人数》（1950年3月22日制），载四川大学校档案馆：《全校概况（一）》，档案号：1950-1956-XZ-14.

7. 《国立四川大学学生会工作汇报》（1950年4月26日），载四川大学校档案馆：《全校概况（二）》，档案号：1950-1956-XZ-15.

8.《学生会学习股工作报告》（1950年4月26日），载四川大学校档案馆：《全校概况（二）》，档案号：1950－1956－XZ－15.

9.《国立四川大学学生会工作汇报》（1950年4月26日），载四川大学校档案馆：《全校概况（二）》，档案号：1950－1956－XZ－15.

四、网络文献

1.《首个全国烈士纪念日 四川大学师生集体缅怀英烈》，https://www.ceezz.cn/school_news.php?act=news&mold=info&school_id=711&id=6404.

2.《"让烈士回家"红岩精神四川行活动走进四川大学》，https://www.scu.edu.cn/info/1207/9930.htm?from=timeline.

3.《青春如歌 热血如花——华西红色文化谈》，http://newspaper.scu.edu.cn/info/1430/2147.htm.

4.《冀家儿女——访离休干部冀玠秋》，https://ltxc.scu.edu.cn/info/1036/2614.htm.

后　记

新中国成立初期，为保障新政权的粮食供给，打击国民党遗留下的残余匪特，在党中央的正确决策和西南局的领导下，包括川西区在内的西南地区开展了轰轰烈烈的征粮剿匪运动。在运动期间，一大批四川大学和华西大学的师生饱含革命热情，积极响应党组织号召，战斗在征粮剿匪运动最前线，谱写了一首首可歌可泣的英雄史诗，为我们留下了宝贵的精神财富。抚今追昔，感慨万千。时值中国共产党百年华诞，重新审视征粮剿匪运动时期四川大学英烈们的那段峥嵘岁月，具有重要的历史与现实意义。

本书从项目启动到公开出版都凝结着集体智慧。在笔者承担的"中国近现代史基本问题研究的理论与方法"研究生专业课程上，同学们在得知我们正在从事新中国初期征粮剿匪运动中的川大英烈课题研究后，他们对川大英烈表达了崇高敬意，表示愿意积极参与。为了贯彻学校对于"思政课程"与"课程思政"相结合的精神，笔者决定将课程内容与课题研究结合起来，吸收同学们参与课题研究。此后的每一次课上，我们都会专门预留时间就本课题的资料搜集、框架设计、主题思想等问题展开热烈交流，碰撞思想火花。同学们纷纷表示，通过课程内容的"理论学习"和课题研究的"实际操演"，大家在信息检索、谋篇布局乃至遣词造句等方面的水平都有了很大提升。本书各部分的执笔情况是："上编"由郭雨鑫、姬坤丽执笔，"下编"由刘诗雨执笔，"附录一"由覃川、孟林、苏强、汤茜执笔；全书由何志明、徐鹏统稿。

本书系四川大学革命英烈丛书工程专项项目"红日初升：新中国初期

征粮剿匪运动中的川大人"的最终成果。在课题研究与本书的撰写中,我们得到了四川大学社会科学研究处、离退休工作处和马克思主义学院的大力支持。为了对健在者开展口述访谈,经社科处副处长张洪松教授的协调,离退休工作处处长杨静波、副处长陈岗热情为课题组联系参与过征粮剿匪工作的健在四川大学校友。马克思主义学院党委书记李栓久教授、副院长王洪树教授、教学科研科科长韩枫、副科长徐冠楠亦为本课题的申报与研究提供了重要帮助。此外,本书在进入出版流程阶段得到了四川大学出版社编辑团队的支持,无论是在本书的框架设计与布局还是在文稿校对方面,他们都付出了不少心血。我们深知,没有上述同人的大力襄助,本书要如期付梓是难以想象的。在这里,我们向大家表示最诚挚的谢意。当然,本书任何错谬之处,皆由作者负责。

遗憾的是,由于时隔七十余年,当年参与剿匪征粮的川大人大多不在人世,健在者寥寥。尽管经过四川大学社会科学研究处、离退休工作处的大力协调,我们与部分健在者取得了联系,然而他们大都年逾九旬,因为身体和记忆方面的问题均无法接受访谈,导致本项目原本计划的口述工作也难以推进,这无疑是本书的一大缺憾。当然,限于水平与资料的不足,疏漏与错误之处在所难免,真诚欢迎学术界各位专家和广大读者不吝赐教。

编　者

2021 年 6 月